大夏书系·学校领导力

校长领导力修炼

XIAOZHANG LINGDAOLI XIULIAN

王铁军 著

华东师范大学出版社

全国百佳图书出版单位

### 图书在版编目（CIP）数据

校长领导力修炼/王铁军著. —上海：华东师范大学出版社，2009
 ISBN 978-7-5617-7235-5
 Ⅰ．校... Ⅱ．王... Ⅲ．中小学—校长—学校管理
Ⅳ．G637.1
 中国版本图书馆 CIP 数据核字（2009）第 181862 号

大夏书系·学校领导力

## 校长领导力修炼

| | |
|---|---|
| 著　　者 | 王铁军 |
| 策划编辑 | 吴法源 |
| 文字编辑 | 张万珠 |
| 封面设计 | 大象设计 |
| 责任印制 | 殷艳红 |

| | |
|---|---|
| 出版发行 | 华东师范大学出版社 |
| 社　　址 | 上海市中山北路 3663 号　邮编 200062 |
| 电　　话 | 021-62450163 转各部 |
| 行政传真 | 021-62572105 |
| 客服电话 | 021-62865537（兼传真） |
| 邮购电话 | 021-62869887 |
| 门市地址 | 上海市中山北路 3663 号华东师范大学校内先锋路口 |
| 网　　址 | www.ecnupress.com.cn |

| | |
|---|---|
| 印 刷 者 | 北京密兴印刷有限公司 |
| 开　　本 | 700×1000　16 开 |
| 印　　张 | 15.5 |
| 字　　数 | 180 千字 |
| 版　　次 | 2010 年 1 月第一版 |
| 印　　次 | 2023 年 10 月第十三次 |
| 印　　数 | 43 001-44 000 |
| 书　　号 | ISBN 978-7-5617-7235-5/G·4186 |
| 定　　价 | 42.00 元 |
| 出 版 人 | 朱杰人 |

（如发现本版图书有印订质量问题，请寄回本社市场部调换或电话 021-62865537 联系）

# 目 录

前　言 / 1

## 第一章　境界力修炼——仰望星空铸大气

一、成功的校长是有境界的校长 / 3

二、校长的境界决定学校的境界 / 5

三、拓宽视野，确立高远目标 / 9

案例及评析

　　1. 把学校办成"地球村" / 12

　　2. 教师发展："无所待"的境界 / 15

向优秀校长推荐的书 / 18

## 第二章　道德力修炼——品德高尚成正气

一、道德管理：现代学校管理的新走向 / 21

二、校长道德人格是一本厚实的教科书 / 25

三、构建有道德的学校生活 / 34

案例及评析

　　1. 鸡鸣风雨四十年 / 44

　　2. 己欲立而立人 / 48

向优秀校长推荐的书 / 51

## 第三章 思想力修炼——系统思考凝精气

一、学点哲学，提高哲学素养 / 55

二、学习先进教育理论，确立现代教育理念 / 60

三、在实践中潜心探索，形成校本化办学理念 / 65

四、系统思考，做一名反思型校长 / 68

案例及评析

  正本清源，除弊出新两相宜 / 74

向优秀校长推荐的书 / 77

## 第四章 智慧力修炼——躬于实践炼灵气

一、校长智慧力提升是学校内涵发展的必然抉择 / 81

二、智慧力：源自校长的潜心修炼 / 88

案例及评析

  走在行知路上 / 98

向优秀校长推荐的书 / 102

## 第五章 合作力修炼——上善若水聚人气

一、校长的光荣在于成就教师 / 105

二、校长使命：打造学校共同体 / 111

三、构建合作互学的校本培训模式 / 116

案例及评析

  1. 假如我来当校长 / 119

  2. 创造适合教师发展的管理 / 122

向优秀校长推荐的书 / 126

## 第六章 经营力修炼——运筹帷幄养士气

一、经营学校：教育改革的新课题 / 129

二、经营是手段，而不是目的 / 131

三、办学思想是学校经营的核心 / 133

四、经营成本，营造效能文化 / 135

五、经营资源，追求整体效应 / 137

六、经营品牌，打造学校形象 / 139

案例及评析

    1. 学会经营学校 / 141

    2. 创办老百姓上得起的优质民办学校 / 142

向优秀校长推荐的书 / 144

## 第七章 教学指导力修炼——指点课堂显真气

一、课程改革呼唤校长教学指导力的提升 / 147

二、教学素养修炼是提升教学指导力的前提 / 148

三、教学指导首先是对教学思想的引导 / 149

四、教学指导的重点在对课堂教学的指导 / 152

五、教学指导关键在对教师业务研修的指导 / 154

六、教学指导要致力于文化浸润 / 156

案例及评析

    1. 校长站在教学改革的最前沿 / 158

    2. 与教师同上一堂课 / 160

向优秀校长推荐的书 / 162

## 第八章　钝感力修炼——难得糊涂敛锐气

一、钝感力是现代校长的一种生存智慧和力量 / 167

二、钝感力：现代校长的一种为人修养与品格 / 169

案例及评析

1. 校长葫芦里面卖的什么药 / 178

2. 为什么改革得不到教师们的理解 / 179

向优秀校长推荐的书 / 182

## 第九章　学习力修炼——勤奋刻苦厚底气

一、高学习力的校长是学校发展的时代呼唤 / 185

二、校长学习力修炼的理念与策略 / 186

案例及评析

对两所农村小学学习力的调查 / 199

向优秀校长推荐的书 / 202

## 第十章　创新力修炼——敢为人先显豪气

一、创新是学校发展的不竭动力 / 207

二、校长创新力是一种复合性、高层次的智慧能力 / 213

三、校长创新力在校本实践中提升 / 219

案例及评析

既不重复别人，也不重复自己 / 230

向优秀校长推荐的书 / 233

## 附录　校长领导力在实践中生成 / 235

# 前　言

《校长领导力修炼》，是结合个人多年校长培训与研究工作的感悟和积淀撰写的著作。校长是学校的灵魂。有什么样的校长，就有什么样的学校；有什么样的校长，就有什么样的教师和学生。一位好校长，带领一批好教师，就能办出一所好学校。台湾学者说，校长能兴旺一所学校，也可能会毁坏一所学校。也正如菲律宾教育家赫查所说，"我从来没有见过拙劣的校长能办出好学校，也没有见过好校长办出坏学校。我见过失败的学校转变为成功的学校，也见过杰出的学校迅速滑坡，这些成功与失败的事实都很容易追究到校长的能力和水平"[①]。所以，"校长手里不应该拿着鞭子，而应该举着旗帜，走在前面"[②]。

由此可见，校长的教育理念、办学思想、管理和领导能力，直接关系到学校的办学质量和办学水平，关系到学校的生存与发展、成功与失败，关系到党和国家教育方针的落实，关系到青少年一代的健康成长。广大中小学校长任重而道远。在新的历史时期，广大校长职业角色的使命，就是在科学发展观的指导下，安安静静地办学，认认真真地办学，扎扎实实地办学，把学校建设成为师生科学发展、和谐发

---

[①②] 张仁贤：《菲律宾和印度中小学校长培训考察研究》，载国家教育委员会外事司编《国际中小学校长教师培训考察报告和比较研究汇编》（内部资料），1997年9月，第93页。

展的精神家园。《校长领导力修炼》一书，正是秉承这样的宗旨和思想，以校长领导力修炼为主题词，围绕境界力、道德力、思想力、智慧力、合作力、经营力、学习力、指导力、钝感力和创新力等十个方面，密切结合校长工作案例，阐述校长领导力的修炼与提升问题，探索校长的素质与能力，探索校长与学校的共生发展。领导力的修炼与提升，是本书贯穿始终的核心概念与基本命题。

什么是领导力？国内外众说纷纭。笔者认为，校长领导力是一种综合素质和能力的体现，不单指某一方面的能力，而是学校领导者的价值理念、办学思想、学识、人格、情感、意志等的综合素质，是驾驭、引领、发展学校的综合素质和能力。它既是决策、策划、设计学校发展的能力，也是一种组织支配的能力；既是一种沟通、协调、凝聚的能力，也是一种敏锐地发现问题、诊断问题并及时解决问题的能力；既是驾驭、调节权力因素与非权力因素、正式影响力与非正式影响力的能力。对于学校组织的本质属性来说，它又是一种引导实施、监控学校课程改革、教学改革、构建生命课堂、有效课堂的能力。正是听从教育改革的呼唤，遵循科学发展观思想，依据现代教育管理理念，从学校管理工作实际出发，本书着重从教育境界、道德领导、思想引领、教育智慧、团队合作、经营管理、引领课程改革、管理风格与艺术、学习领悟、学校管理创新等方面阐述了校长十个方面领导力的修炼问题。

本书另一个关键词是"气"。气是中国传统文化及中国哲学范畴体系中一个十分重要的概念。所谓气，其主要含义是一种细微而运动着的客观存在的物质的东西。古代思想家认为，万物是由气这种精细的物质实体构成的。究其实，气的本质是志、义、道，是一种高尚的道德精神状态，气小则充满身体，大则充满宇宙。以后又出现了气势、气质、气度、气息等概念，这些都表现为一种理想、一种境界、一种精神，以至一种品质。本书中的"大气"、"正气"、"精气"、"真气"、"士气"、"底气"等概念，正是表现为成功校长及成功学校发展的一种精神状态。毛泽东同志早就说过，人是要有一点精神的。学校办学也要讲究、提倡一种精神。洋思中学、东庐中学、后六中学、滨江中学、杜朗口中学等这些薄弱学校能够在逆境中奋起，创造教育的奇迹，就是表现为一种艰苦奋斗、不甘落后、敢为人先的精神；一些知名学校，走特色化之路，打造优质教育的品牌，受到社会的认可和欢迎，这正表现为一种追求卓越、精益求精、锐意改革、求真务实的精神。正是有了这种精神，才能在简单的工作中做出不简单的业绩，在平凡的工作中做出不平凡的成绩。我们应当向张炳华、蔡林森、秦培元、陈康金、崔其升、胡建军等校长学习，以精神提升学校品质，以精神促进学校跨越发展、持续发展。

学校精神是在学校办学与改革实践中孕育和激发出来的，反映学校发展方向，引领学校前进的趋势，为学校成员普遍认同和接受的思想观念、道德规范、行为准则和价值取向，它是学校独特的气质、思想风貌和文化底蕴与氛围的综合体现。学校精神是学校的精、气、神，渗透在学校方方面面的工作之中，渗透在课程改革、课堂教学、队伍建设、学生发展及学校管理等各项工作中。学校精神不是虚无缥缈的东西，而是实实在在体现在学校教育行为、教学行为、管理行为等各方面。胡锦涛同志希望广大校长、教师"静下心来教书，潜下心来育人"，这正是科学精神与人文精神的集中体现，是一种实事求是、求真务实、脚踏实地的精神。学校精神是学校最宝贵的财富。学校精神赋予学校文化以灵魂，使之成为学校文化的主心骨；学校精神赋予学校发展永不枯竭的源泉和活力，引领学校科学发展、和谐发展、持续发展；学校精神赋予校长和师生员工以思想支柱，使学校充满生机与活力。塑造学校精神，营造师生精神家园，是我们广大校长和教师共同的追求。

全书结构体系及分工为：前言（王铁军）；第一章：境界力修炼——仰望星空铸大气（王铁军）；第二章：道德力修炼——品德高尚成正气（王铁军）；第三章：思想力修炼——系统思考凝精气（王铁军）；第四章：智慧力修炼——躬于实践炼灵气（李建军、方健华）；第五章：合作力修炼——上善若水聚人心（王铁军）；第六章：经营力修炼——运筹帷幄养士气（王铁军）；第七章：教学指导力修炼——指点课堂显真气（徐金贵、王铁军）；第八章：钝感力修炼——难得糊涂敛锐气（方健华）；第九章：学习力修炼——勤奋刻苦厚底气（张启建、方健华）；第十章：创新力修养——敢为人先显豪气（王凯、王铁军）；附录：校长领导力在实践中生成（王铁军）。

承蒙华东师范大学出版社吴法源先生的厚爱与信任，他与林茶居编辑多次与我商量书稿的写作事宜，提出了许多真知灼见，张万珠编辑也提出了一些修改意见。正是在他们的支持和帮助下，我才有信心、有勇气、克服惰性去完成这项写作任务。《江苏教育研究》杂志方建华、南京市29中致远校区王凯等同志与我一道讨论本书框架结构，提出了一些颇有价值的建议，付出了很多辛劳。海安实验小学徐金贵、如皋高师李建军、南通市通州区教研室张启建等同志也参与了部分章节的讨论。在此一并向他们表示诚挚的谢意。

尽管在撰稿过程中，笔者竭尽心智，辛勤笔耕，但我们的思考与实践还有一定的局限性，祈望广大读者赐教指正。

王铁军
2009年9月10日

| 第一章 |

# 境界力修炼
## —— 仰望星空铸大气

一个民族有一些关注天空的人,他们才有希望,一个民族只是关注脚下的事情,那是没有未来的。

——〔德〕黑格尔

我希望同学经常地仰望天空,学会做人,学会思考,学会知识和技能,做一个关心世界和国家命运的人。

——温家宝

没有思路,就没有出路;没有作为,就没有地位;没有实力,就没有魅力;没有眼界,就没有境界。

——陈玉琨

## 一、成功的校长是有境界的校长

成功的校长，无不具有宽广的视野、高远的境界。中国人民大学附属中学的刘彭芝是国内知名校长。她主张"用战略的历史眼光审视教育"，以创建"国内领先、国际一流的世界名校"为目标，"立足中国、放眼世界"，引导教职员工在课程改革、教育改革的征程中阔步前进。她认为，校长是个"领跑人"，面向世界，面向未来，面向现代化，领着全校教职员工不停地奔跑，领着一茬又一茬的孩子不停地奔跑。"领跑人"的办学理念在奔跑中反映，"领跑人"的心智在奔跑中展现，"领跑人"的人生价值在奔跑中实现。她在学校全面实施"人大附中素质教育工程"，走全面发展之路，追求科学与人文的平衡，追求鲜明个性和团队精神的统一，追求全面发展和充分发展的统一。她打造"无线"校园，实施"无限"教育，在网络环境下，尊重个性，挖掘潜力，促进学生的发展。她坚持走科研兴校之路，把科学研究作为学校发展的内动力和助推器，将课程延伸到科研院所，成立人大附中少年科学院，让学生享受中关村优质科学资源，成为知识的探索者，同时也使科学教育成为人大附中的办学特色之一。

南京外国语学校仙林分校的钱铁锋是一位有眼光有思考有经验的校长。仙外分校是南京市有影响的学校。该校很少做广告宣传办学业绩，但是，桃李不言，下自成蹊。每年招生季节，大批家长都会带着孩子争先恐后地来报名。钱校长认为，大家几乎都把升学率作为判断学校好坏的唯一标准，这是错误的。现在基础教育埋头埋得太深了，大家都在操作层面，应付做题、考试，拼升学率，技术含量太低。眼光很短浅，很功利，不能高瞻远瞩，只看到高一级学校的门槛，而不能为孩子的一生着想，更不用说为国家的未来着想。我们这一代人应当是教育改革的自我牺牲者。教育的周期很长，改革的很多效果也许短期内是看不到了，但他们要为后人打下一个良好的基础。在2008年暑假结束前，钱校长在全校教师会议上整整讲了三个小时，畅谈了他对教育的理解，也希望教师们对学校教育作更深层次的思考。

他说，教育是第三产业，是人的再生产——通过教育使人成长和完善。从这个角度讲，教育也是一种生产，具有教育力和教育关系这样一种结构，这基本上可以涵盖学校的全部活动。教育力就是教育实力，包括资金的投入和硬件设施、师资水平和学生的素质、课程计划和课程标准、教育方式和教育科研、办学思想和学校文化等五个方面。而其中学生的素质和教师的水平是第一位的。教育关系指教育作为运作的外部关系和客观驱动机制。教育关系包括学校性质和办学环境、学校的机构设置和管理方式、评价方式与分配制度等三个方面。评价学校应看它的教育力，不能只看升学率。升学率只是一种结果，是教育力的一种表现，但不是一个主要特征。

钱铁锋校长从宏观视角及对学校教育本质的把握出发，提出独到的见解和理念，并使之转化为学校实际的教育行为、教学行为和管理行为。如果说刘彭芝校长是战略的境界，钱铁锋校长是思想的境界，那么苏州十中柳袁照校长则是一种文化艺术的境界。在大家被分数、升学率搞得焦头烂额的今天，柳校长却能在繁忙、紧张的工作之余写诗、著书、搞摄影。他在学校作述职报告，主题是教师与教师的发展。他引用中国传统意义上"气"的概念，来阐述当前学校教师的职业生存状态。三个关键词是"气息"、"气色"、"气势"。他提出为师者要有"大智大勇的风范","独立天地间,清风洒兰雪"的从容淡定,"自信人生二百年,会当击水三千里"的冲天气势,在平常的教育教学岗位上寻找生命的本真,努力达到"无所待"的境界。爱因斯坦曾说过,"不管时代的潮流和社会的风尚怎样,人总是可以凭着自己高尚的品质,超越时代和社会,走自己正确的路。现在大家为了电冰箱、汽车、房子而奔波、追逐、竞争,这是我们时代的特征。但是也还有不少人,他们不追求物质的东西,他们追求理想和真理,得到了内心的自由和安静。"① 刘彭芝、钱铁锋、柳袁照这些校长不正是在追求理想的境界,走自己正确的路吗?

## 二、校长的境界决定学校的境界

校长的境界决定了学校发展的境界。陶行知先生很早就说过,"校长是一个学校的灵魂,要想评论一个学校,先要评论他的校长"。有什么样的校长,就有什么样的学校;有什么样境界的校长,就有什么样境界的学校。学校之间的差距,实质上是校长素质与水平的差距,是校长境界的差距。校长可以兴旺一所学校,也可能会毁坏一所学校。一位好校长,带领一批好教师,就能办出一所好学校。在一定意义上可以说,校长境界的高低,决定了学校境界的高低。校长的境界直接关系到学校的发展能力,影响到学校的竞争力。有宽广的境界,校长就能站得高,看得远,高瞻

---

① 转引自鲁洁、朱小蔓主编:《道德教育论丛》第1卷,南京师范大学出版社2000年6月第1版,第189页。

远瞩，高屋建瓴；就能面向世界，面向未来，面向现代化；就能立足学校，放眼长远的发展，对学校发展做战略性、前瞻性、长远性、全局性的思考和策划，从而对学校发展产生强有力乃至深远的影响。

校长的境界，决定了学校的变革与创新精神。学校教育事业是关系国家与民族千秋万代的伟大事业。它既不能以传统教育经验为发展依据，也不能照搬照抄外国教育经验。传统教育经验、外国教育经验都是特定教育实践的产物，无疑具有一定的借鉴价值，但是它们也必然具有不可避免的历史、地域的局限性。因此，以此来指导我国学校教育的发展，显然是不合适的。这就需要广大校长在借鉴历史的和外国的经验基础上，根据我国社会主义现代化事业的要求，勇于实践，大胆改革和创造，探索出一套崭新的教育发展模式。只有有宽广的境界的校长，才能既有较强的适应性，又有不断变革、敢于创新的精神和品格，才能不守旧，不盲从，不安于现状，不墨守成规，才能锐意革新，敢于迎接时代的挑战，迎接教育改革的挑战，才能有敢冒风险的气魄，才能有独树一帜的办学宗旨和人才培养及管理模式。如今一批农村薄弱学校，在逆境中奋起，创造了农村教育的奇迹，为课程改革、教学改革作出了重要贡献。其共同经验就是，这些学校的校长，以科学发展观和现代教育理念为指导，带领广大教师敢为人先，勇于改革，敢于创造，探索独树一帜的课堂教学模式，使学生素质得到显著提高，使校长和教师获得了成功，使学校得到了发展。

校长的境界，决定了学校的文化品位和文化气质。1995年，联合国教科文组织在"文化促进发展的行动计划"中提出，"文化繁荣是发展的最高目标"，"文化的创造性是人类进步的源泉"，"文化的多样性是人类最宝贵的财富"。文化已成为当今学校发展新的生长点和新的境界。这就要求广大校长要有一种"文化的自觉",要注重学校文化建设和文化管理,努力打造高品位的学校文化,提高学校文化气质。

首先,在学校文化建设与管理过程中,要正确认识和把握学校文化与校园文化两个概念的联系与区别,不要把两者混为一谈。学校文化是一个整体的概念,是指学校组织成员习得且共同具有的思想观念和行为方式,包括课堂文化、校园文化、与学校有关的社区子文化等。校园文化是学校文化的一个组成部分。校园是一个空间维度的地域性概念。应当重视校园文化建设,但是又不能仅仅停留在校园文化建设水平上,而要追求更深层次的文化建设。

其次,学校文化建设与管理,要着力于倡导和打造学校精神,以精神提升学校教育品质。学校精神是学校的精、气、神,是学校文化的核心。它是学校形象气质、思想风貌和文化底蕴与氛围的综合体现,渗透在学校方方面面的工作中,渗透在课程改革、课堂教学、队伍建设、学生发展及学校管理等各项工作之中。学校精神最主要的是科学精神和人文精神。胡锦涛总书记希望广大教师"静下心来教书,潜下心来育人",这正是科学精神与人文精神的集中体现。

科学精神是一种实事求是的精神,正如《中国教育报》2007年7月2日一篇文章所说,呼唤科学精神,说到底,就是希望教育界对于教育的认识,多一点理性思考,少一点心浮气躁;对于教育实践,多一点科学认识,少一点盲目蛮干;对于教育工作,多一点积极进取,少一点无所作为;对于孩子的生活,多一点人文关怀,少一点分数歧视;对于孩子的未来,多一点条条大道通罗马,少一点千军万马过一座桥、一样的桥。这可以说是对科学精神很好的诠释和解读。

人文精神是以人为出发点，并以人为终极关怀的思想，要尊重人、关怀人、发展人，把促进人的发展、开发人的创造潜能，作为学校教育的最终目的。学校要确立以生为本、以师为本的思想。联合国教科文组织把"学会关怀"作为21世纪教育改革的主题词，倡导教育关怀、学校关怀、班级关怀、课堂关怀，整个学校都应当成为关怀的环境。美国教育学会主席内尔·若汀斯说，关怀是所有成功教育的奠基石。这就要求我们广大校长和教师应确立教育关怀的理念，满腔热情、一视同仁地对待学生，尤其应理解、体谅弱势群体的学生、外来务工人员的子女，使他们也能享受优质教育资源，在蓝天下健康成长。

科学精神与人文精神，是学校育人的两根支柱，相辅相成，缺一不可。学校精神是学校最宝贵的财富，它赋予学校文化以灵魂，使之成为学校文化的主心骨；赋予学校发展永不枯竭的源泉和动力，引领学校科学发展、和谐发展、持续发展；赋予师生员工思想支柱，使学校充满生机与活力。塑造学校精神，营造师生的精神家园，是广大中小学校长共同的文化追求。

第三，要处理好文化传承与文化发展的关系。学校文化是具有深厚底蕴的一种组织文化。每所学校都有自己的文化积淀和文化传统。这就需要处理好文化继承与文化发展、文化创新的关系。实行校长负责制后，校长任期年限大大缩短，为了追求学校工作的短期效应和教育业绩，往往是一任校长一个规划，一任校长一个策略、一个特色。后继者往往会推翻前任校长的理念与做法，标新立异，另搞一套。学校发展需要继承，需要原有的学校文化基础，应把学校优良文化传统加以延续，而不能采取虚无主义的态度与做法。历史是不能割断的。学校文化继承与发展是相辅相成的，发展总是在原有基础上的发展。成熟的领导者，必定会尊重学校的优良文化传统，尊重学校历任领导者的辛勤劳动成果和文化传统的积淀，并在此基础上引领学校走可持续发展道路。不尊重学校文化传统的做法，实质上是一种急功近利的短视行为。

## 三、拓宽视野，确立高远目标

提升境界力，做有境界的校长，最重要的是拓宽眼界，确立学校发展的高远目标。正如陈玉琨教授所指出的，"没有思路，就没有出路；没有作为，就没有地位；没有实力，就没有魅力；没有眼界，就没有境界"。拓宽视野，就不会就教育论教育、就学校论学校，而是在社会经济发展的大背景下思考、策划、设计学校的发展；拓宽视野，才能实现学校管理向学校领导转变、学校管理者向学校领导者转变，从而增强学校教育的前瞻性、预见性，提高学校教育的拓展能力和发展学校的能力；拓宽视野，才能提高学校发展的大目标和高品位，才能有学校的科学发展、和谐发展和持续发展。

根据管理目标有效性的原理，任何组织实施有效管理，必须设置发展的目标。任何管理者都是为一定目标而存在的，没有正确的目标，就没有管理存在的价值。具有一定目标的导向，正是学校管理能动性、自主性的表现。实验研究表明，目的性行为的效率明显高于非目的性行为。也就是说，当明确了可能达到的目标时，就会为达成目标而努力。心理学家曾把激励比作跳高，若要跳得高，必须要有一个横竿作为目标。有无横杆，跳的高度是大不一样的。又有人把目标激励比作摘桃子，桃子吊在空中，坐在地上举手可得不行，站起来便可摘到也不行，因为这样的目标缺乏"挑战性"。只有当跳起来方能摘到时，才能最大限度地调动人的积极性。一个学校只有设置了有挑战性的高远目标，才会增强目标的激发力量，才能使学校更具有吸引力、凝聚力和鼓动力。当然，过高、过大的目标也会使人失去信心，甚至望而生畏。学校的管理者、领导者只有高瞻远瞩、放远未来同时又实事求是、体察实际，才能提出既能振奋人心又切实可行、既富有追求又脚踏实地的学校发展目标。

南京师范大学附属中学是国内一所有影响的名校，在百年的办学历程中，始终坚持高远的目标追求。在历任校长带领下，秉承"促进每一位学生卓越发展"，培养"以天下为己任，具有创造性人格特征的人"、"未来社会的领跑者"的教育宗旨，以"全球化时代中国卓越中学"为办学目标，以"嚼得菜根、做得大事"为校训，以多样性、有层次、高选择性的课程结构为载体，激励、引导学生"做最好的自己"。

多年来，该校把教育实验作为学校发展之本。学校创办人之一、教育家廖世承先生认为，一所中学只有坚持教育实验，才会有生命力，因此教师应具有实验精神。他在办学时积极实验道尔顿制，并认为，"道尔顿制的特色，在自由与合作"，"打破班级教学的制度，各个儿童得随自己的量进行，不受班级的牵制"，并"在功课指定的范围内，儿童得自动的研究"。新中国成立后，教育实验已成为该校的办学传统。20世纪50年代，该校进行高中文理农分科教学实验和四三制试点班教学改革。80年代中期，基础教育专家胡百良校长认为"人才素质是教育目标的核心"，提出了素质教育的十条具体目标，即坚定的信念理想、广博扎实的文化基础知识、开拓创新精神、身心健康、务实作风、合作品格、社交才能、个性特长、自主能力和丰富的生活情趣。在此目标基础上,进行了普通高中课程结构改革实验。当时就改革必修课程,增设选修课程,开设劳动技术课程和社会实践课程,并建立了课外活动体系,把以往只有必修课的单一课程改变为由必修课、选修课、劳技课、社会实践课和课外活动相结合的复式课程结构,在全国中学界产生了很大影响,得到教育部的重视。1992年第4期《人民教育》杂志发表了《树人——南京师大附中10年课程改革纪实》的长篇文章,系统介绍了该校课程改革的经验与做法。20世纪90年代,学校进一步提出"素质全面、基础合理、个性鲜明"的培养目标,先后在胡百良、闵开仁、姚振松、陆一鹏等几任校长带领下,开展了必修课程分层次教学的改革实验。1995年修订完成《南京师大附中高中阶段分层教学的研究与实验方案》,根据教育对象发展水平的差异,通过分层要求、分层指导、分层训练、分层考评等途径,实施因材施教,促进各个层次的学生在原有的基础上得到应有发展,以实现对每一个学生负责。分层次教学推动了教育个性化的进程,改变了传统班级授课制度与模式。

教育实验使师大附中这一百年老校焕发出生命的活力,为国家为民族培养了一批又一批的杰出人才。2005年江苏省高考"文科状元"林叶在回忆母校时曾这样写道:"我大概依旧保有在附中萌芽出来的理想和信仰因之而生的激情、悲悯和责任,以及对于在这个世界上挣扎生存和尴尬生活的人群的敏感,他们始终是我奋斗的意义。附中给我一种确信,在这个扬言一切都可以怀疑和颠覆的时代,仍然有不可动摇的东西。"培养这样一些有责任心、使命感、同情心的学生,是师大附中多年追求高远目标,对学生未来负责的办学实践所结出的丰硕的成果。

在2008届学生毕业典礼上,王占宝校长以一首《瀑布联句》

结束了致辞:"千岩万壑不辞劳,远看方知出处高。溪涧岂能留得住,终归大海作波涛。"这首诗充分展现了南京师大附中的胸襟、情怀和境界,正是师大附中追求高远目标,坚持教育改革实验的生动写照。

## 案例及评析

### 1. 把学校办成"地球村"

对于一零一中学的师生来说,2008年北京奥运会让他们终身难忘。作为北京奥组委选中的奥林匹克青年营的营地,来自全世界204个国家和地区的481名奥林匹克青年营营员,使北京一零一中学成为真正意义上的"地球村"。

对一零一中学教师而言,青年营前期准备工作最显著的特点,莫过于劳动的苦和累、劳动环境的脏和乱、劳动质量的精和细。这个过程,非亲历者难以体会,难以想象。

打扫食堂的教师,跪在地上,硬是把常年积淀的油垢污斑擦洗得没了踪迹。打扫宿舍的教师,连蚊帐杆也擦得干干净净。为了让来自异国他乡的孩子们一进入校园就有一种家的感觉,教师们可谓费尽心思:刘建新老师从家里拿来一把极富艺术内涵的大扇子,挂在3号楼的走廊上;万锡茂、曹桂胤自己花钱买来中国结;曾丽军等一些心灵手巧的教师叠了许多千纸鹤,挂在营员房间里。随着团队各成员之间、教师们和营员之间的配合越来越熟练、越来越默契,大家对奥运精神的感悟也越来越深刻、越来越具体。整整20天的青年营活动,给一零一中学的师生带来了一次神圣的精神洗礼，使学校的教师和管理团队经受了一次高规格的检验，同时也使学校拥有了更深厚的文化底蕴和更宽广的精神视野。

在很多人看来，承接奥林匹克青年营这样大型的国际活动，是一件非常麻烦、非常复杂的事情，有的人担心会出现纰漏，有的人担心财务会出现"漏洞"。但在校长郭涵看来，具体的困难可以一个个去克服，这是促进学校发展和队伍锻炼的一个绝好机遇，绝对不能错过。事实上也的确如此，善于寻找并抢抓机遇，是郭涵能够带领学校不断前行的"秘籍"。

2008年11月12日，诺贝尔经济学奖获得者詹姆斯·莫里斯先生一行抵达北京一零一中学校园，给师生们作了既生动有趣又有学术深度的演讲，并和与会学生进行了20多分钟的互动，全场气氛非常热烈。这次活动的成功举办，完全得益于郭涵对机会的敏感和及时把握。2008年初，副校长王涛去北京市教委开会时，拿到了两本市教委一年工作安排的大事历，回来后就给了郭涵一本。通过这本大事历，郭涵得知中科院和北京市政府将于2008年11月份联合举办"诺贝尔奖获得者北京论坛"，于是她决定借这次会议召开的机会，把与会的诺贝尔奖获得者请到学校，于是就有了这次学生与大师面对面交流的机会。实际上，拿到市教委大事历的人很多，但只有郭涵敏锐地捕捉并把握了这次机会。

有了敏锐的目光和时刻寻找机遇的意识，机遇就会不期而至。在郭涵的决策和争取下，2005年的全国青少年科技创新大赛、2006年北京市首届国际青少年艺术节、2007年的国际学校联盟校长峰会先后在一零一中学举办。这些活动使学校的管理队伍得到了锻炼，管理水平得到了提升。正因为有了举办这些大型、国际性活动的基础和经验，才使得学校有可能成为2008年北京奥运会青年营的营地。通过承接这些活动，学校的管理队伍以及后勤管理获得了提升，师生有了和名家、大师面对面交流的机会，开阔了师生的视野，促进了学校的发展。

在决策的时候，郭涵有一个最大的特点，就是只要事情有利于学校的发展，有利于提升学校的管理水平，有利于学生的发展，就要去做，就要努力去争取，努力去做好。

机会永远给予时刻准备着的人，给予敏感而行事果断的人。正因为能够高瞻远瞩，抓大放小，郭涵才得以抓住一个又一个的发展机会，使学校不断地向更高的水平提升。

（苏令：《舵手，一个校长应该扮演的角色——记北京一零一中学校长郭涵》，《中国教育报》2009年1月6日）

## | 案例评析 |

郭涵校长通过承办奥林匹克青年营活动项目，使北京市一零一中学成为真正意义上的"地球村"，接待了来自世界204个国家和地区的481名青年营营员。通过举办奥林匹克青年营活动，师生员工接受了一次神圣的精神洗礼，学校的办学水平和办学层次得到了提升，促进了学校在"地球村"平台上更高更快地发展。一零一中学成功的办学实践给予我们的重要启示是：在当今开放的时代，学校发展需要广大中小学校长具有博大的胸襟和广阔的视野。郭涵校长认为，校长的职责就是把握学校发展的方向。这个方向就是邓小平同志指出的，"教育要面向世界，面向未来，面向现代化"。只有坚持这一办学方向，才能高瞻远瞩，高屋建瓴，学校发展才会有新的水平和新的境界。从承办奥林匹克青年营到邀请诺贝尔经济学奖获得者到学校演讲，充分反映了郭涵校长的大视野、大气魄、大胸怀和大智慧，她不仅具有善于抓住机遇的敏锐眼光，而且具有开阔的胸襟和视野，具有新世纪学校领导者必须具备的领导力——境界力。

## 2. 教师发展："无所待"的境界

这是我第六次站在这里作校长述职报告。我述职报告的主题是"教师与教师的发展"。在今天的述职报告中，我将引用中国传统意义上"气"的概念，来阐述当前学校教师和我自己的状态。

"气"是中国古典哲学的一个独特范畴，我国古代哲学家认为人生的理想境界，就是通过"听之以气"的途径而达到天人合一的境界。这样的"气"，生成了中国文化的审美理想、审美范式及美学的独特品质，对我们的民族文化产生了深远的影响。究其实，它对我们今天教育的发展，特别是教师的发展，也是有重大意义的。"气息"、"气色"和"气势"这三个有关"气"的概念，是我今天述职报告的关键词，而"气息"、"气色"、"气势"，又都聚焦于我们对学校教师发展状态的把握和描述之中。

在甲骨文中，气作"三"、"川"，三横或三竖，取象于人的鼻孔，意为"呼吸、气息"，这是气的本义。古人认为万事万物都是由气生气的，假如把"气"的概念融入到我们学校中，我们同样可以把它看作学校生命活动的最基本特质。

对苏州十中而言，2007年既是一个收获的季节，又是一个播种的季节。

教师的发展，在2007年春天已经成为学校最重要的战略任务。我们的做法是"大师引领"和"小兵过河"并举。打造大师，走以大师引领学科发展之路，是我校教师发展的途径之一。这一年，我们召开了徐思源、徐玉卿教学实践研讨会，把他们放在苏州十中文化背景中、放在他们自身学科发展演变的背景中、放在他们生存发展的前辈与后辈人才群像中，研讨他们之所以成长为特级教师与正教授中学高级教师的历程。研究他们也是一种解剖，不仅仅是解剖他们个体，而是解剖整个与他们紧紧相联系的学科组；也不仅仅是少数几个人在研究、分析，而是整个学科组、整个团队在一起共同梳理。结果是重要的，但更重要的是过程。在这个过程中，包括徐思源、徐玉卿本人在内的一大批教师的专业发展，都上了一个新的层次和境界。我们还邀请国内有影响的专家来评点、提升，请骨干教师来反思，让媒体集中宣传我校教师的教学成就，这是教师专业发展的加速器。

让青年教师超越性地发展是学校教师的另一个特点。现在，学校青年教师的人数已经占整个教师队伍的70%以上。如高中英语学科，高级职称的教师不到总人数的10%，中级职称的教师也不会超过30%。对这样一个以年轻人为主的学科，一是加压，给重担，注重在这个学科培养干部；二是注重整体，无论是平时教学还是高考命题研究以及国内外进修研学，都着眼于学科整个团队。中国象棋有一个说法，小兵、小卒过了河，就如"车"如"炮"，现在，我们外语学科的这群年轻教师，就像象棋中的"小兵"、"小卒"，过河了，不仅是一两个领头的兵、卒过河了，而是一群人整体过河了，这是何等的气势！在近来的高考中，英语学科一路领先，成为学校最好的学科之一。在2007年全市英语青年教师基本功竞赛中，我校英语学科获三个一等奖、两个二等奖，是全市绝无仅有的学校。"小兵过河了"已经成为我们十中教师中流传的一句名言。英语学科如此，其他学科何尝不如是？

为教师、干部搭建舞台，所谓的"岗位"、"职数"都为其服务。现在，学校中层以上干部和"骨干教师培养计划"成员，正在制订发展规划。教师们自己都说"我们的能量在不知不觉中被激发出来了",学校里弥漫着"欲罢而不能"的文化气息。在这种气息下,我们的教师身上洋溢着书生意气。校园里的这种意气,不妨理解为教育岗位上的"勇气",是为师者大智大勇的风范,是为师者"独立天地间,清风洒兰雪"的从容淡定,是为师者"自信人生二百年,会当水击三千里"的冲天气势。他们不断在自己平常的教育教学岗位上,寻找生命的本真,努力到达"无所待"的境界。

(江苏省苏州市第十中学校长　柳袁照)

## | 案例评析 |

案例2不是教育故事,也不是管理案例,它是苏州十中校长柳袁照的一篇述职报告。柳校长以他独特的视角和深厚的文化底蕴,论述了"气"在教师专业发展中的意义。他认为,"气"就是教育岗位上的勇气,是为师者大智大勇的风范,是为师者"独立天地间,清风洒兰雪"的从容淡定,是为师者"自信人生二百年,会当击水三千里"的冲天气势,是一种"无所待"的境界。柳校长这段论述,是何等的气派!教师的"无所待"境界,首先是校长的"无所待"境界,这种境界来自柳校长对学校教育深刻的认知和理解,对学校教育本质的深刻把握,以及对教育事业执著的追求。正因为有这种理解、把握和执著的追求,才会有校长恢弘的气度、魄力和境界。在应试教育泛滥的今天,需要我们广大校长拥有这样一种气度、魄力和境界。正如胡锦涛同志对广大教师所要求的"静下心来教书,潜下心来育人"。同样,我们的校长要安安静静地办学,认认真真地办学,扎扎实实地办学。这正是一种"无所待"的境界。

## 向优秀校长推荐的书

1. 〔苏〕瓦·阿·苏霍姆林斯基著，赵玮等译：《和青年校长的谈话》，上海教育出版社1983年6月第1版。

2. 冯大鸣主编：《沟通与分享——中西教育管理领衔学者世纪汇谈》，上海教育出版社2002年1月第1版。

3. 李希贵著：《36天，我的美国教育之旅》，华东师范大学出版社2006年11月第1版。

4. 王铁军、周在人主编：《给校长的建议——101》（全新版），南京师范大学出版社2005年5月第1版。

5. 朱永新、徐亚东主编：《中国教育家展望21世纪》，山西教育出版社1997年12月第3版。

| 第二章 |

# 道德力修养
## ——品德高尚成正气

道德——领导力的核心。

〔美〕W·K·凯洛格

关爱他人——一种伦理道德的关心——是最根本的精神领导。

——〔美〕本雷泽·科比

虽然我们的有效善行,很少可能延伸至任何比我们自己的国家更广阔的社会,但我们的善意,却没有任何范围的限制,可以包含整个无限的宇宙。

——〔英〕亚当·斯密

肩负道德使命的校长,只有通过发展他人的领导才干,才能有助于这一使命的实现。只有各级领导协力,系统才能焕然一新。学校的领导管理是一项集体事业。

——〔加拿大〕迈克尔·富兰

# 一、道德管理：现代学校管理的新走向

什么是道德？道德是一种社会实践，是通过社会文化、风尚习俗和个人的价值信念、德性品质来维系并涉及善恶的价值判断和价值实现的心理意识、行为活动及规范原则的总和。简言之，道德就是人在社会生活中处理个人与集体、个人与他人关系的行为准则和行为规范。道德文化就是行为准则、行为规范的文化。它既指社会道德，人们共有的行为准则和行为规范，又指个体道德，个人的人格品质、行为习惯的内在结构；既是一个社会实现共同生活的价值共享方式，又是个人实现自我价值、提高精神品质、追求美好生活的存在方式。对于人的成长来说，道德品质是具有统帅、先导性质的因素，是一个人精神世界、个性人格、整体素质中最基本的因素。它不仅影响到人一生成长的方向，影响到一个人在集体中的地位，而且影响着智力因素与非智力因素的发展。联合国教科文组织在《教育——财富蕴藏其中》的报告中把学知、学做、学会共同生活、学会生存作为现代人生存与发展的四大支柱。学校作为育人的机构与场所，学校理所当然地应把道德文化作为学校管理的最重要的内容，不可或缺的组成部分。在学校文化体系中，道德文化起着统帅、引领的作用。

什么是道德管理？道德管理是指在学校管理中，管理者充分利用伦理道德的力量，把伦理道德既作为管理的目标，又作为管理的手段，充分发挥自身道德的人格影响力的一种管理理念和策略。道德管理，主要表现为以下几方面：（1）强调校长的道德人格的影响力。校长必须讲诚信，廉洁奉公，敬业乐群，行为公正，符合道德规范。校长的言行、学识、人格就是一本教科书，是师生员工学习的榜样。（2）强调教师在学生管理中的道德示范作用。对于学生来说，教师也是管理者，管理者的道德人格也是强大的精神力量。加里宁说："如果教师很有威信，那么这个教师的影响就会在某些学生身上永远留下痕迹。正因为这样，所以一个教师必须好好地检点自己，他应该感觉到，他的一举一动都处在严格的监督之下，世界上任何人也没有受这样严格的监督。"（3）学校所有的教育教学工作、管理工作都要体现伦理道德精神，都要有利于实现学校教育的伦理道德目标，有利于学生学会做人做事，成为具有高尚道德品质、有教养的青少年一代。道德管理，本质上是一种人本主义的管理思想。

近些年来，世界各国愈来愈重视学校道德文化，重视学校的道德管理、道德领导，道德管理、道德领导已成为广受关注的一种教育管理理念。加拿大教育学者迈克尔·富兰从调查学校管理现状和领导障碍入手，提出了"学校领导的道德使命"的命题。他在《学校领导的道德使命》一书中指出，校长肩负着道德使命，只有通过发展他人的领导才干，才有助于这一使命的实现。他说："最高层面的道德目标是要建立一种系统，使所有学生都能努力学习，使好成绩与差成绩之间的距离大大缩短，并保证学习的内容能使学习者成为立足于道德之上的知识社会中的合格公民和劳动者。从长远意义来看，能够最大限度地实现这一目标的角色是校长。"[①] 柯林斯把学校领导者分为五个层次，第五层次即最高层次是"有执行能力的领导者"，"他们运用个人谦和与职业意志的对

---

[①]〔加〕迈克尔·富兰著：《学校领导的道德使命》，教育科学出版社2005年1月第1版，第31页。

立统一,创造永久的卓越"。① 美国州际学校领导者资格认证协会提出了学校管理者的六条标准,其中第五条就是,"学校管理者是通过诚信、公正的道德行为并以符合伦理的方式来促进所有学生成功的教育领导者"。管理者知道并理解"教育的宗旨和领导在现代社会中的作用"、"不同道德框架和道德观"、"学校社区多样性的价值观"、"职业道德规范"及"教育哲学和发展的历史"。② 在学校管理中,他们能够"扮演榜样角色","公平、公正地对待每个人,尊重每个人","清楚地表现个人和职业的伦理规范"。台湾学者秦梦群在检视世界各国教育管理研究时,也将重视教育管理中伦理与价值的探究作为三大趋势之一,把伦理与价值层面的研究纳入教育管理研究的范围。可见,道德领导已成为学校文化管理的重要支柱,已成为学校管理的新走向。

20世纪70年代初,罗伯特·格林利夫出版了一本关于领导力的书,书名叫"仆人领导"(Servant Leadership)。近些年来,这本书得以流行,受到重视。仆人领导思想带有强烈的伦理道德色彩,主张领导者要想下属员工之所想,要关怀下属员工。格林利夫认为,只有天生的仆人才会成为管理者、领导者。一个人成为管理者、领导者的过程首先就是担当仆人角色的过程。仆人领导关心下属员工,满足他们的需求,能让他们更博学、更自由、更自治,也更像仆人。仆人领导注重信任、倾听、换位,尊重每个人的参与,无条件地接受他人,丰富他人。仆人领导,就是一种道德管理、道德领导的思想。

---

① 〔加〕迈克尔·富兰著:《学校领导的道德使命》,教育科学出版社2005年1月第1版,第12页。
② 〔美〕杰拉尔德·C·厄本恩等著,黄崴等主译:《校长论——有效学校的创新型领导》,重庆大学出版社2004年1月第1版,第1页。

美国 Petr G. Northouse 在《卓越领导力——十种经典领导模式》一书中系统阐述了道德管理、道德领导的五项基本原则，认为这五项原则是道德管理、道德领导发展的基础。一是以德服人的领导者尊重他人；二是以德服人的领导者服务他人；三是以德服人的领导者是公正的；四是以德服人的领导者是诚实的；五是以德服人的领导者要建立公众意识。以德服人的领导者尊重他人的原则，强调尊重他人是每个人的责任，要像对待自己一样对待他人，尊重他人的选择和价值。尊重他人的领导者、管理者允许他人有自己的空间，有个性化、创造性的需求和愿望，允许有不同的甚至反对的意见，无条件地接受并尊重人和人之间的差异，尊重、信任他人的想法和他们的人格，帮助他们和自己融为一体。以德服人的领导者服务他人，强调要关注他人，服务他人，为他人做好事，以下属员工为中心，将他人的利益放在个人工作之上，按照有益于他人的方式行事，努力为他人带来更多的利益和好处。以德服人的领导者是公正的，关注平等和公正，将公正置于首位，一视同仁地对待所有下属。他做决定时以平等为核心，在分配资源、决定奖赏和惩罚时，体现公平的道德水准。他不把自己不希望的事强加于人，要让别人公平地对待自己，首先自己必须公平地对待他人。以德服人的领导者是诚实的，强调诚实的重要性。好的领导者、管理者必须要诚实，如果领导者、管理者不诚实，下属就会觉得他不可信，靠不住，人们就会不再相信领导者、管理者的话，他们也就会丧失威信，其影响力会大打折扣。不诚实对人际关系也有负面影响，它会在人们之间产生连锁反应。如果我们对其他人撒谎，这就意味着我们愿意其他人也这样对待自己。这种关系的长期后果就是削弱了人际关系，导致人际关系的瓦解。诚实不仅是要说真话、说实话，还表现为赤诚相待，以心换心。以德服人的领导者要建立公众意识的原则,要求领导者、管理者既要考虑群体中每个人的利益,又要关注社会的目标和社会的利益,努力建立更高更广的道德目标,在最大限度上关心共同利益,把组织的目标与社会的目标、组织的利益与社会整体联系起来。

上述的"仆人领导"及道德领导的五项原则,是对道德管理、道德领导思想的比较深入的诠释和建构,对于我们学校管理者认识、把握及实施道德管理思想无疑具有一定的指导价值。

## 二、校长道德人格是一本厚实的教科书

校长是学校管理联系的承担者,是教育劳动的主体。他总是受一定社会的委托,按照一定社会的要求,带领广大教职员工,以知识信息传播为中介,对受教育者有目的有计划地施加全面系统的影响,"传道、受业、解惑",把他们培养成为社会所期望的合格公民。校长在教育者的角色扮演方面和教师一样具有同质性和相关性,都要承担起教书育人、言传身教的职责,共同担负着办好学校、培养一代社会主义新人的历史使命。校长和教师一样负有教育者的任务。但是,校长教育者的任务又比任何一位教师更广泛、更繁重。一位教师影响所及仅仅是他们教授的班级的学生,而校长却是全校学生的教育者。一个学生难以认识全体教师,但必然会认识校长。在学生心目中,校长是德才兼备、众望所归的理想形象。师生之间的距离和校长与学生之间的距离相比,前者较小。学生和教师交往比较频繁,认识教师更为真切,学生不会把教师角色理想化、神秘化。而和校长,由于距离较远,交往较少,学生往往容易凭自己的想象,把校长角色理想化、神秘化,把

校长当作自己心目中所向往、所敬仰的权威人物。校长不仅是学生的教育者，而且是教师的教育者，正如苏霍姆林斯基所说，是"师者之师"。校长作为全体教师的首脑人物，只有为教师所敬佩，才能发挥示范作用。

学校管理过程与教育过程是同一整体过程的两个侧面，这两方面的不可分割性决定了学校管理者同时又是教育者。学校管理的目的是培养人，管理是为了育人，育人是管理的目的。学校管理的对象主要是青少年学生，他们既是管理对象，又是教育对象；学校管理的内容，是以教育教学作为中心，学校其他一切工作都应为教育、教学工作服务；学校管理的效果也体现在教育效益上，体现在全面提高青少年的素质上。因此，学校管理过程与教育过程的同一性决定了校长的领导者、管理者与教育者的角色是相辅相成的。

校长角色具有育人性的特点。校长角色总是指向于一定的教育目标，这是区别于其他行业领导者的一个重要特点。现代管理的目标有效性原理告诉我们，任何管理活动都要有明确的目标，而目标的实现都要有效。有效的管理，需要有明确的最佳目标。学校教育管理活动与其他管理活动不同，其目标是为了实现一定的教育目的，为一定的社会培养人才。这一目标反映了社会发展对人才规格的要求，体现了社会政治、经济的发展和社会关系的要求。育人目标是学校教育过程所特有的，是其他任何管理目标所不可替代的，它贯穿于学校管理活动的始终。

薛翠娣是镇江市名校长，在中山路小学任职多年。当被问到中山路小学未来的追求时，薛翠娣回答说："我们并不想在全国出什么名，只是想办一所老百姓首选的、有良知的学校。"她似乎没有什么"野心"，既非"冲出江苏，走向全国"，也非"做大做强，集体发展",却真实地反映出其对教育目标的理解和追求。教育是一项社会事业,教育是使人成为"人"的活动。使每个学生首先成为"人",不仅是社会的希望、家长的希望,更应是学校不可推卸的责任。所以,薛翠娣常常对学校的教师说,"如今大多数学生都是独生子女,学校办学对于独生子女家庭来说,1%的不合格率就等于100%的失败啊!这对于任何一个家庭来说都是承受不起的。学校怎能让家庭承受100%的失败呢?教师必须具备强烈的服务意识,你得为所有孩子服务,你得为家长100%的期望值负责,因为他们只有一个孩子。一个孩子的成功就是家长100%的成功。假如他的孩子因为我们教师的不尽心、不尽责,而成为后进生,家长会多么伤心,会对教师多么失望,会对学校造成多么大的负面影响!"在薛翠娣看来,好的学校应该是有道德的:它对社会是负责任的,使学生成"人"是学校对社会最庄重的承诺,因而教会学生"做人"是学校办好与否最重要的标准;它对家长是理解、信任而亲善的,它始终将家长100%的期望作为自己100%地努力工作的责任和动力;它对学生满怀着合乎道德的关怀,它尊重学生的差异,同时又不缩减自己的责任,在力所能及的范围内,为学生身体、心灵、文化、德性的发展做一切能做的事情;它对教师也是尊重的,它总是以欣赏的目标回应着教师每一次新的尝试,并为教师的成长撑起一片广阔的天空。道德的学校更应该是有效的,它强调并追求教育的真实性和实效性,决不会用"表面的热闹和虚假繁荣"来浪费学生的生命、辜负社会的信任,良知是它做事的法则。

  校长角色有示范性的特点。学校管理心理学认为,校长,要实现领导功能,关键在于自身影响力,在于强制性影响力和自然性影响力。在学校管理中,自然性影响力的作用往往要比强制性影响力更大，影响更深远。自然性影响力的基础主要有两种，一种是专长，一种是品质。如果校长具有相当的知识、技能、才干和特点，便容易得到师生员工的尊敬和服从；如果具有良好的品质，便容易得到师生员工的敬佩，从而获得自然性影响力。校长要成为有效的影响者，发挥领导影响力，就必须注重自身角色形象。校长的角色形象在中小学校尤为重要。中小学生模仿性强，可塑性大，对校长比对老师更怀有崇敬、敬仰的心理倾向。校长的角色对他们更具有强大的感染力和说服力，更具有示范性。校长是学校管理的主体，他们的教育、管理手段，在很大程度上就是自身的人格与言行，在引导学生认识周围世界的时候，他们自身也作为周围世界的一个重要成分出现在学生面前，参与到学生的认识过程之中。因此，中小学校长在教育管理过程中，既要"言传"，又要"身教"，以其表率影响师生员工。五里行知小学的杨瑞清校长，1981年从晓庄师范学校毕业后，立志走陶行知之路，为农民子弟办学，主动要求到南京偏僻的农村小学任教，多少年来始终扎根在五里村，矢志不移，无怨无悔。县里一度任命他为共青团县委副书记，工作3个月后他毅然回到学校。他说："适合做行政工作的人很多，不缺我一个；扎根乡村教育，实践行知思想的人不多，不能再少我一个了。"2004年他光荣地被评为全国十佳教师。这种高尚的师德形象极大地鼓舞了五里行知小学的师生员工和周边的农民，他成为人们学习的楷模。人们是这样评价杨瑞清校长的：

  学生：我们都很喜欢杨校长，他课讲得好，他人也好。他对我们很体贴，他能像父亲一样来照顾我。

  教师：校长与大家相处时是很平和的，虽然现在他是名校长了。但是他仍然把自己看得很低,一般谈问题都是站在学校的角度与大家平等地交谈。

家长:这个老师真好,绝不是城里学校挑剩下的。

母亲:对于儿子,我觉得很幸福。儿子从小就非常听话,从来不惹我生气,儿子脾气好。

妻子:他是一个知足的人,他经常挂在嘴边的一句话就是,"现在过得不是很好吗?"他经常在外面,很少有时间照顾家里和孩子。虽然有点累,但我还是支持他。

校长道德在学校管理与学校发展中的功能、作用,表现在以下几个方面:

## (一) 道德是学校管理的目标之一

历史上,大部分学校,都把道德置于重要的地位,这是一条普遍的规律。17世纪捷克教育家夸美纽斯在《大教学论》中曾指出,人身心和谐发展的具体标准是:博学、德行、虔信。"这三个元素就是涌出一切最完美的快乐之流的三个泉源。"[①] 因此,他把培养德性作为学校的主要任务之一。19世纪德国资产阶级教育家赫尔巴特也十分强调道德教育在整个教育工作中的地位。他认为,教育的唯一工作与全部工作可以总结在道德这一概念之中,所以,他提出教育目的在于培养有道德的人。英国哲学家、教育家洛克也说过,教育的目的最有价值的最难的一部分是德行。可见,历代教育家都是高度重视道德教育的。教育的中心任务就是通过幼儿园、小学、中学到大学的整个学校教育中的各种教学活动、科

---

① 〔捷〕夸美纽斯著,傅任敢译:《大教学论》,人民教育出版社1984年版,第58页。

学实验和社会劳动，培养具有高尚道德理想、道德品质的各种建设人才。所以，道德是学校教育管理的主要目标之一。

在我国，以道德为重要内容的德育，既是学校教育的重要构成部分，也是提高中华民族素质的重要组成部分。在学校教育的众多管理目标——德、智、体、美、劳中，德育起着统帅和主导的作用。在校长的一切工作中，坚持德育的重要地位，已越来越成为每一位校长的共识。如果一个校长对德育这一重要的管理目标发生动摇，或者在实际工作中不予重视，那就必然会出现学校教育管理的偏差，就难以保证全面贯彻教育方针，实现培养目标，提高中华民族的素质。

**（二）道德是形成校长威信的重要因素**

学校管理能否发挥应有的作用，关键在于提高学校管理者、领导者自身的素质。现代管理理论认为，领导者的指示、命令能否产生作用，取决于被领导者的认可。取得被领导者的认可，需要领导者及其组织的权威。权威是以服从为前提的。服从又包含两种因素：一是权力，二是威信。权力是职责范围内的支配力量，是组织所赋予的；威信则是领导者的一种人格力量，是由品德、知识、能力、经验等素质结合形成的综合效应。在学校管理中，这两大要素，威信往往要比权力更为重要。正如列宁早就说过的，进行组织与领导，"不是靠权力，而是靠威信、毅力、丰富的经验，各方面的工作以及卓越的才能"。因此，提高领导者、管理者的自身道德等方面的素养十分重要。领导者、管理者的素质直接影响到自身的威信，影响到团队集体的凝聚力和向心力，影响到行政方法的功能的有效发挥。

良好的道德心理状态是校长威信的源泉。校长的威信不是自封的，而是群众和社会公认的，是靠校长的自身修养、严以律己，在群众中形成的一种权威和信赖。校长的思想品质、道德情操、审美观念、意志行为等，必须是师生的楷模。校长的威信是在学校管理过程中必不可少的因素，它起着巨大而微妙的作用。一所学校需要意志统一，学校集体需要有威信的校长。如果校长一副官气、态度傲慢、出口训人、冷酷无情，把功劳归自己，将错误推给别人，他必然会脱离群众，以至丧失自身的威信。学校教育管理的任务是复杂艰巨的，只有一个有威信的校长，才会顺利地、合理地、有效地组织学校管理过程，产生强大的凝聚力和向心力，建立起团结一致的学校集体。可见，道德对形成校长的威信及其工作有着很大的影响。在一定意义上可以说，形成校长威信的主要因素是校长的内心道德世界、行为作风以及他对事业的态度。

## （三）道德制约、指导校长的行为

道德是在人类的社会实践活动中形成，又是在社会实践活动中约束人们行为的规范的总和。一定的道德会引发一定的道德行为动机，进而产生一定的道德行为。从这种意义上讲，道德对校长领导管理工作中的行为起着定向、指南的作用。这种定向、指南作用，是通过道德评价的手段体现出来的。校长的道德评价可以预见社会发展的远景及其对学校教育管理的影响。它能调动全体师生员工的积极性和创造性，进一步协调和完善学校教育管理关系。它可以确定校长的言行同公认的教育管理价值体系的关系，能得到特别的心理机制——良心和义务的支持。良心要求校长以真、善、美去抵制、反对假、恶、丑；义务要求校长正确地履行自己的职责，维护自己的荣誉和尊严。正是借助诸如此类的道德意识机制，校长们才得以在学校领导、管理过程中，不断地校正自己的行为动机，调整自己的行为方向，在千变万化的处境中使自己的行为符合社会公认的教育管理价值体系，从而推动教育管理事业的前进和发展。

**（四）校长道德有利于提高学校整体道德水平**

目前学校一些还存在文人相轻、急功近利、形式主义、官本位思想、弄虚作假、不平等竞争、缺乏协作精神等现象，这就要求校长在领导管理工作过程中，要充分发挥教育管理道德的作用，努力克服这些不良现象。搞好教育管理的道德基础，是正确处理教育管理过程中各种关系的基本原则。只要校长注重在自己的工作实践中遵守教育道德规范，正确认识和使用自己的权利，履行自己的职责、义务，良好的校风（包括教风和学风）就能逐步形成，就能抵制各种不良风气。

对于一所学校来说，校长在工作实践中的道德行为与全校师生员工的道德行为是相互联系、相互影响、相互制约的。校长道德比学校中其他成员的道德更集中、更直接地反映了学校伦理道德风貌，是整个学校伦理的主体部分。因此，一般说来，如果校长的伦理道德修养高，那么，学校其他成员在他的影响下教育道德水平也会较高。校长在工作中形成良好的管理道德，重视并不断提高广大教职员工的伦理道德水平，就能够使他们把在教育活动中形成的道德风尚和文明礼貌带到教育对象中去，扩展到学校的每个角落。这样，就会使学校道德风貌得到改变，使整个学校的道德水平得到提高。

**（五）道德有利于提高校长工作的质量和效率**

任何社会活动领域，都存在着极为复杂的人际关系。只有处理好这些关系，才能够使本单位的所有成员协调一致，提高工作的效率和质量。校长与教职员工的关系在学校教育管理过程中具有十分重要的意义。校长与自己的下属是否团结协作、和谐一致，关系到教育管理过程能否顺利地进行，很大程度上直接影响着双方的工作积极性，影响着学校教育管理工作的道德要求，因此要恪守一定的管理道德标准，努力建立彼此之间的良好的道德关系。

学校教育管理中的上下级关系是一种制度性关系，每个成员都在学校集体的组织中担负一定的职务和责任，学校集体成员中的隶属关系和管理层次十分清楚。同时，这种上下级关系又是一种利益性关系，校长的领导目标和下属的被领导目标都从属于学校集体的目标，由一定的利益结合着，同时又相互制约、相互影响。校长与下属之间的关系主要表现为工作关系，但又依赖于相互之间的信任关系，以作为工作关系的补充。校长需要下属提供合作，作出贡献，以实现学校集体目标和个人领导目标；下属需要校长提供帮助，提供机会，以实现各自的个人目标。

由于校长与职工所处的地位不同、职能不同、观察处理问题的角度不同，往往会产生一些矛盾，有矛盾就需要调节。调节的手段是多种多样的，其中，道德调节是最经常、最主要的手段。无论是校长，还是教职员工，在处理相互关系时都必须遵守集体主义的道德原则，必须以整体利益为重，不允许把个人凌驾于集体之上。上下级的矛盾，要分清是非，坚持正确的，否定错误的。坚持局部利益服从整体利益，一般情况下的下级服从上级，与坚持真理、修正错误是一致的。校长与下属之间的关系应该是同志式的平等关系，应该相互尊重、互相帮助。只有这样，才能完善校长与教职员工之间的关系，激发起各自的积极性和创造性，从而提高校长工作的质量和效率。

综上所述，校长的道德形象既是实现社会主义教育目标，培养全面发展的一代新人的需要，是提高学校管理有效性，实现由他律向自律转化的需要，也是校长自身发展、自身完善的需要。有道德的校长，才能办有道德的学校。每一位校长都肩负着崇高的道德使命。

## 三、构建有道德的学校生活

校长的道德力修炼，目标指向是构建有道德的学校生活，培育有道德的青少年学生。为此，就要打造有生命力的道德课堂，造就一批道德之师；校长自身要努力做整个的校长，不做命分式校长。

### （一）打造有生命力的道德课堂

道德课堂是有道德的学校生活的核心环节和基本阵地。构建有道德的学校生活，必须改变传统的机械灌输、死记硬背、分数第一的课堂教学模式，让课堂充满生命的活力，洋溢勃勃的生机，使课堂成为师生道德生命健康成长的地方。

江苏省邗江中学听从基础教育课程改革的呼唤，积极开展全国"十五"教育科学规划重点课题"过有道德的课堂生活"的研究，响亮地提出"道德课堂"这一命题。他们认为，道德课堂是指让教育者用道德的方式去从事教育教学，并让师生从课堂生活中得到愉快、幸福与满足，得到自我的充分发展与自由，得到唯独人才有的一种最高享受。道德课堂的核心意义是呵护、培养、唤醒、生成；基本方式是交往与对话。他们提出课题的理论假设是：(1) 道德课堂是扩展了的生活。课堂包括教学的、校园的、社区的等三种课堂，学校生活包括学习生活、交往生活、日常生活。道德课堂就是为了拓宽学生的道德生活空间，让他们在丰富多彩的生活中经历、体验和接受。（2）道德课堂是师生正在过着的一种生活。关注学生在课堂的学习态度、学习方式、学习习惯，实质上就是关注学生的生活态度、生活方式、生活习惯以及生存状态。（3）道德课堂是"意义"层面与生活层面的联系。引导学生在生活中辨别、选择、改革的过程本身就具有道德价值和创造价值。为此，课堂教学从操作理念上应当做到：（1）让道德课堂从"教"走向"学"，以激发学生的生命潜能；（2）让道德课堂从"传授"走向"体验"，使学生感悟生命价值；（3）让道德课堂从"书本"走向"生活"，以提升学生的生命素养。

道德课堂的实施模式是：

**表一：道德课堂中的交往**

| 道德价值 | 教师角色 | 交往和对话要点 | 学生的体验及可能成效 | 期望传达给学生的道德品质 |
| --- | --- | --- | --- | --- |
| 真诚 | 榜样 | "一真俱真，一妄皆妄"；将自己真实的一面展示给学生 | 拥护归属感 | 真诚 |
| 平等 | 伙伴 | "不尚贤，使民不争"；平等对待学生；给学生提供平等的机会 | 乐于分享 | 平等 |
| 尊重 | 聆听者欣赏者 | 重视学生当下的感受；不伤害学生的自尊心；给学生以更多的自主权 | 自由表达意见；敢于质疑；发表独立见解；具有责任感 | 尊重 |
| 公正 | 提问者 | 将评价的原则及依据向学生公示 | 具有安全感、正义感 | 公正 |

(续表)

| 道德价值 | 教师角色 | 交往和对话要点 | 学生的体验及可能成效 | 期望传达给学生的道德品质 |
|---|---|---|---|---|
| 宽容 | 引导者 导师 | 将学生的错误看成是其成长过程中的正常现象；给学生的成长留有时间 | 具有合作意识、创造力 | 宽容 |
| 同情 | 关怀者 照顾者 | 丰富的情感，为处于困境（学习、心理、交往等方面）中的孩子提供帮助 | 具有依恋感；关注他人；会感恩 | 同情 |
| 关爱 | 赞助者 激励者 | 表扬与批语对事不对人；称赞只对德性而言 | 积极改正；不骄傲 | 关爱 |
| …… | …… | …… | …… | …… |

表二：校园课堂、社区课堂的实施

| 课堂 | 主题 | 主要内容 | 课程实施单位 | 课程管理单位 |
|---|---|---|---|---|
| 校园课堂 | 探究自然世界，关注社会生活，感受自我成长 | 人文类活动课程 | 学生人文学院 | 教育教学科研部，团委、学生会 |
| | | 科学类活动课程 | 学生科学学院 | |
| | | 艺体类活动课程 | 学生艺体学院 | |
| 社区课堂 | | 生活型校外活动课程 | 生活体验中心 | 教育教学科研部，团委、学生会 |
| | | 服务型校外活动课程 | 服务体验中心 | |
| | | 活动型校外活动课程 | 活动体验中心 | |

邗江中学从理论和实践相结合的视角，研究道德课堂的本质内涵和实施策略，为构建有道德的学校生活进行了有价值的探索。科学教育学创始人赫尔巴特说过，道德教育是教育的最终目的。"教育的唯一工作与全部工作可以总结在这概念之中——道德。"

"道德普遍地被认为是人类的最高目的,因此也是教育的最高目的。""教学如果没有进行道德教育,只是一种没有目的的手段。"①杜威认为,学校教授与训练的最大目的是养成学生的品性。苏霍姆林斯基也指出,道德教育是全面发展教育中"起决定作用的,主导作用的成分",学校教育培养出来的人,如果"没有灵魂,没有心灵,教育就等于零"。学校最主要的任务是教给学生怎样正确地生活,使他们学会"生活的科学",学会"正确地做人",成为"精神丰富、体魄健全、道德完善"的人。②邗江中学的徐金才校长抓住学校教育的真谛,在打造新型学校课堂生活的理论与策略方面提出了有创见的主张,充分体现了一种深邃的教育视野、人文的情怀和执著的追求。笔者认为,道德课堂的理论与策略,真正反映了学校教育的本质和真谛。它不仅仅是对教育本质的回归,也是顺应新时代的使命对教育深刻的理性思考。道德校园、道德课堂的内涵有以下几个方面:第一,我们的课堂,我们的学校,我们的教育,终极目标是培养有德性的年青一代,教会学生做人做事,具有高尚的道德情操,这是教育的真谛。第二,我们学校教育的模式、策略、手段、方法应当是道德的,而不是非道德的。必须摒弃那些摧残学生身心健康的方式、方法。第三,打造道德校园、道德课堂,不仅仅是学校自身的事,全社会都应为青少年一代健康成长创设良好的道德氛围、道德环境。第四,学校的校长、教师,应真正做到为人师表,率先垂范,成为有道德的校长、有道德的教师。有道德的校长与教师,才能办有道德的学校。

---

① 鲁浩、王逢贤主编:《德育新论》,江苏教育出版社1994年版,第107页。
② 湖南教育编辑部:《苏霍姆林斯基教育思想概述》,湖南教育出版社1983出版,第64页。

### (二) 培育道德之师

国家大计，教育为本；教育大计，教师为本；教师大计，师德为本。高质量的教育，必须有高质量的教师；有高质量的教师，才可能有高质量的教育。办好学校，校长是关键，教师是基础。有学者说，教师安，则学校安；教师优，则学校优；教师强，则学校强。成功的校长总是高度重视教师队伍的建设和培育，努力打造一支德才兼备的高素质教师队伍。

教师劳动是一种特殊的精神生产劳动，其劳动对象是人，劳动产品也是人，在一定意义上，劳动手段（教师的学识和人格）也是人。教师职业道德是与教育劳动、教师职业相适应的，是教师在从事教育劳动过程中形成的比较稳定的道德观念、行为规范和道德品质的总和，是调节教师与他人、教师与集体及社会相互关系的行为准则。"教育是人与人心灵的最微妙的相互接触，学校是人们心灵相互接触的场所。"教育劳动自始至终是人与人的相互接触、相互影响。教育劳动的这种特殊性，决定了教师职业道德比其他行业的道德要求更高。教师的工作难以有严格的时空界限，起早摸黑地工作，与学生朝夕相处，这就要求教师必须全身心地投入；教师工作难以准确量化，同时又随时受到学生和同行的监督，这就要求教师要有强烈的道德责任感和道德良心；"十年树木，百年树人"，教育工作是一个周期较长的过程，教育工作是单个人难以独立完成的，很难在短时间内形成效益，这就要求教师要一切从学生发展需要出发，不计较个人的得失与名利，不计较报酬。因此，从本质上说，教师的职业劳动就是一种奉献。陶行知先生说："捧着一颗心来，不带半根草去。"正是对教师劳动的真实写照。基于教师劳动的特点，基于教师角色地位的指导性、角色目标的育人性、教师角色义务的复杂性及教师角色形象的示范性，社会对教师比对其他行业有更高的道德要求。教师职业道德规范主要有以下几方面内容：

1. 教学过程的道德规范

这是教师在教学过程中应当遵循的行为准则，它贯穿于教学过程的始终。包括备课中的道德规范、课堂教学中的道德规范及其他教学环节的道德规范。如课堂教学中的道德规范要求教师认真施教，全面引导；遵循规律，讲究艺术；仪表得体、注重风度等。

2. 教育科研中的道德规范

教学与科研结合，是现代社会发展对教师的必然要求。教师必须将教学与科研结合起来，在教学中开展科研，在科研活动中不断提高教学质量。教育科研中的道德规范主要有：追求真理，献身科学；勇于探索，严谨治学；学术民主，尊重他人的劳动；谦虚谨慎，大胆创新等。

3. 师生关系的道德规范

教师与学生是教育活动的主要参加者，是教与学的主体。师生关系是教育过程中最基本、最主要的人际关系。它影响师生信息的相互传递，影响教学气氛和师生情绪，影响师生工作和学习态度，同时还极大地影响教育全过程。师生关系中的道德规范包括热爱学生，严格要求；尊重学生，平等信任；互相交流，教学相长等。热爱学生是师德要求中的重要规范，只有热爱学生，教师才能设身处地理解学生，才能了解学生各方面的情况，才能热情主动地引导和帮助学生，真心诚意地尊重学生。只有热爱学生，教师才有把自己的知识和智慧无私地传授给学生的愿望，才会把知识信息源源不断地输入学生的心田，影响学生的精神世界。当然，教师对学生的爱并非仅仅停留在单纯感情上，更不是一种偏私的溺爱，而是以党的教育方针为指导，将对学生的感情和对学生提出严格、合理的要求统一起来。一个教师越是热爱学生，对学生的要求就会越严格。

4. 教师与同事关系的道德规范

学校的教育任务靠个别教师是不可能完成的，必须由各门学科和不同职能的教师共同承担。因此，教师在劳动过程中不只是和学生发生密切关系，还同自己的同事有着紧密的联系。协调好教师与教师、教师与学校领导、教师与教辅人员的关系，是教师道德规范的一个重要方面，是实现教育目的的重要环节。教师之间关系的道德规范主要有：关心教师集体，维护集体利益；团结协作，共同进步；尊重同事，力戒文人相轻等。调节教师与学校领导人员关系的道德规范主要有：服从领导，协助工作；积极参与，主动监督；沟通理解，严于律己等。调节教师与学校其他人员关系的道德规范主要有：尊重人格，平等相待；理解体谅，增进友谊；及时沟通，相互配合等。

5. 教师与社会关系的道德规范

教师作为社会人，必然要与社会发生交往关系。随着社会的发展，家庭教育、社会教育在培养人的过程中将发挥越来越大的作用，教师与社会的联系也将越来越密切。教师只有参与社会各方面交往，不断协调好各种关系，才能更好地完成培养人的任务。调节教师与社会关系的道德规范主要有：明确责任，促进社会的科技进步和精神文明建设；勇于变革，促进新型社会关系的建立；加强联系，积极关心、支持社区建设；塑造形象，协调自身与社会的关系等。调节教师与学生家长关系的道德规范主要有：尊重家长，相互配合；积极寻求途径，密切与家长的联系；主动帮助家长，提高教育艺术水平等。教师要把握好与学生家长交往的尺度，努力在学生家长心目中树立良好的职业道德形象，力戒以教谋私的庸俗化倾向。

6. 教师风度仪表的道德规范

教师风度仪表是构成表率形象的组成部分。它包括教师的服饰仪容、言谈举止、行为态度、待人接物等一系列外在的形、神、体、貌特征，是教师个人德、才、学、识等各种内在修养的外在表现和独特风貌。教师的风度仪表所产生的社会作用和影响无论从哪一个角度看，都是社会其他任何职业所不能比拟的，有其特殊的、强烈的示范作用。教师风度仪表的道德规范要求是：服饰仪容要朴实得体，整洁高雅；言谈举止要谦逊有礼，稳重端庄；态度行为要亲切和蔼，严谨持重；待人处世要真诚热情，尊重别人等。

教师优良道德的形成，一方面有赖于自我道德的修养，在教育教学实践中，不断提高道德认识，培养道德情感，锻炼道德意志，规范道德行为，增强自我道德能力；另一方面，也有赖于道德教育。教师职业道德教育是师德建设的必不可少的环节，是社会道德规范转化为教师个体道德的重要途径。教师道德素养的形成和发展，受到主客观多种因素的影响和制约，是客观制约性和个体主观能动性的辩证统一。教师职业道德教育为广大教师道德素养的形成与发展提供了客观保障基础。教师个体道德素养，是伴随着对师德的认识和理解的不断深入而逐步形成与发展的。青少年学生进入各级各类师范院校学习，步入后备教师行列时，对太阳底下最光辉的教师职业充满了憧憬。但是，他们不一定对教师职业及教师道德有正确的认识和理解，往往带有一种理想主义色彩和很大的随意性。对一些已踏上教师工作岗位的青年人和已有多年工作经验的中老年教师来说，由于现实与理想还存在着种种差距，他们对教师职业的选择往往会产生一些思想反复，这就需要教师在职业实践中，通过接受师德教育，逐步强化师德意识，以形成教师职业人格。

一位好校长，带领一批好教师，就能办出一所好学校，教师队伍建设始终是校长工作的重中之重。在建设教师队伍工作方面，校长应做以下几件事：第一，建立、健全人本化、科学化的教师管理与评估制度，严格要求，严格考核管理，以形成师德建设的长效机制。第二，高度重视教师职业道德教育工作，把师德纳入教师专业发展的内容体系，有目的、有计划地对教师进行职业理想教育、职业道德教育，以增强教师教书育人的光荣感、责任感，促进教师专业化的进程。第三，立足学校，探索分层次、分类型的师德培训内容和校本化的师德培训模式。上海市甘泉外国语中学刘国华校长，着手学校发展创意设计，把教师按教龄分为0—3年、4—10年、11—25年等三个教龄阶段，实施阶梯式校本师德培训，每个阶段都有不同的校本培训设计，取得了很好的效果。第四，打造"英雄文化"，发现、树立本校师德标兵，讲述他们的教育故事，宣传他们的优秀事迹，让广大教师学有榜样。

### （三）做整个的校长，不做命分式校长

"整个的学校应当有整个的校长，不应当有命分式的校长"①，这是陶行知先生对广大校长提出的期望。其意是，校长要全心全意，不要半心半意或三心二意。

做整个的校长，就要"捧着一颗心来，不带半根草去"，忠诚于人民的教育事业，把教育事业作为自己生命的组成部分，作为自己生命的延续和发展；做整个的校长，就要热爱学生，尊重学

---

① 《陶行知全集》第1集，四川教育出版社1991年版，第60页。

生，关心呵护学生，按照全面发展的教育方针要求，促进他们健康而自由地成长；做整个的校长，就要全身心地投入，把科学精神与人文精神有机地结合起来，开展创造性工作，敢于创新，勇于改革，质量立校，名师强校，科研兴校，文化润校；做整个的校长，就要有一种精神，以精神提升学校品质，追求卓越，敢为人先，不甘落后，奋发进取，做一流的工作，办一流的学校。

做整个的校长，就要遵循管理道德的共同规范要求。（1）务实。为办好学校多做好事，多做实事，力戒空谈的坏毛病和"无实事求是之意，而有哗众取宠之心"的坏作风。要从实际出发，不唯上，不唯书，只唯实。（2）公正。要承认组织成员个人利益、个人权利的合理性和"合法性"，坚持权利与义务的统一，平等地对待每一个组织成员；要坚持合理、公平的利益分配尺度，关注弱势群体、弱势成员；要维护公共利益不受损害，体现公益原则。（3）诚信。为人要诚实讲信用，不误导和欺骗他人，也不有意隐瞒或夸大其词。与人相处要赤诚相待，肝胆相照。（4）廉洁。要不以权谋私，不贪赃枉法，不沾不刮，不敲不诈，两袖清风，一身正气。（5）忠于职守。要有高度的责任心，尽职尽力，履行自己的职责和义务。要兢兢业业，勤勤恳恳，认认真真，踏踏实实，不推诿拖拉，不马虎搪塞。要忠于职守还意味着要有高度的原则性，不徇私情，不拿原则做交易，不搞所谓的"潜规则"。

做整个的校长，还要遵循学校管理自身的特殊规范要求。主要有：（1）育人之德。要坚持学校工作以育人为中心，教书育人，服务育人，管理育人，要具有"乐育英才"的信念和情怀。对于校长来说，育人之德还表现为努力打造一支优秀的教师队伍，尤其要关心、提携青年教师，鼓励他们迅速成长。（2）治学之德。校长在治学上应有严谨的态度、科学的方法和锲而不舍的精神，为师生树立良好的榜样。（3）用人之德。在用人方面努力做到亲疏不分，唯才是举，用人之长，容人之短。要有广阔的胸怀，宏大的气量，能容忍下属的短处。同时又能善于任用能力超过自己的人。（4）理财之德。在用财上要有长远观点，不仅要想方设法去开源，而且要节流，要勤俭节约，细水长流。钱要用在刀刃上。要民主理财，账目清楚公开，严格执行财务制度。不能见钱眼开，中饱私囊。（5）交往之德。学校管理是在人际交往中实现的，注重人际交往是校长管理道德的重要内容。校长要为人正直，敢讲真话，表里如一，言行一致，不奉承吹拍，不趋炎附势，不玩弄权术，不盛气凌人。

做整个的校长，做道德型的校长，是我们广大校长终身追求的目标境界。国际罗马俱乐部总裁奥雷利奥·佩西在《未来的一百页》的研究报告中指出，"学会如何治理世界——须先学会如何管理我们自己"。让我们广大校长铭记这句格言，加强道德修炼，学会自我管理，做自己管理自己的主人，努力让自己成为师生员工的道德楷模。

## 案例及评析

### 1. 鸡鸣风雨四十年

袁浩身材中等，衣着简朴清爽，眼睛虽不大，却目光如炬，紧抿的双唇和微蹙的眉头显出他在思考。40余年的教育生涯，40余年的艰辛历程，在他的头发上、脸颊上留下了林林总总的印迹，都透发着他恒久的追求与努力。

"我从小就认为教师最可亲、最有本领、最伟大,身边的人都是教师,我祖父、父亲和婶婶都是教师。我从小就生活在教师的氛围之中。在晓庄师范学习时很敬佩陶行知,我很幸运,我遇到了很多的好老师,有季之光、白耀庚、丁正明、杨彦慈和陈衣凤等,他们对我的影响都非常大。"

袁浩从小就感受到身为教师的亲人们的关心和呵护,这使他联想到了教师的可亲。求学期间,老师渊博的知识令他感觉到了教师都是"最有本领的"。在晓庄师范学习的时候,受伟大教育家陶行知的感染,袁浩想到了教师都是"伟大的"。

他在北小工作了40余年,其间有很多机会可以调走。当时区教育局领导跟他讲:"有8个地方要你,大学、文化部门、出版社,也有机关,但我们希望你能够留下来。"当时,他说:"好!听从领导安排。"后来就继续留在北小,他要专心把小学教育办好,要有韧劲,要咬定青山不放松。

袁浩有很多机会调离北小,但他都放弃了,主要原因有几点:

首先,袁浩的个人信念就是要做一名优秀的人民教师。信念往往左右人的行动,调离北小将意味着他极有可能调离教师岗位,这显然有违他的信念。

其次,工作调动意味着要重新适应新的环境,势必要耗费一定的智力资源,而要想干好事业,必须"要有韧劲,要咬定青山不放松"。所以,袁浩要继续留在北小,要专心地把小学教育办好。

再次,领导的挽留也是袁浩继续留在北小的原因之一。

有一次,跟袁校长一起去外地。到了晚上,我们都出去放松、活动,但袁校长却把自己关在房间里不出来,我就问他:"袁校长,你怎么不出去活动啊?"他说:"我在想,我们下面该怎么办,抓什么重点能够把我们的学校搞上去。"当时我们玩到很晚,回来时他还没睡。第二天，我才知道，他一直到深夜两点才睡。这对他来说，是常有的事。他从不打牌，从不参加舞会，一次次放弃了疗养……

（对沈峰副校长的访谈记录摘要）

一般说来，个体在业余时间内所做的事情，基本上都是自己较为感兴趣的事情。袁浩把自己关在房间里思考学校的发展问题，说明他对自己的工作很感兴趣。做自己感兴趣的事情本身就是很快乐的，时间就会不知不觉地流逝，所以袁浩"一直到深夜两点才睡"。另外，袁浩在本该娱乐的时间里思考学校的发展问题，也说明了他的责任意识。校长职务赋予袁浩一定的责任感和使命感，会给他带来一定的压力和动力。这种压力和动力达到一定程度就会渗透到人的内心深处，成为一种潜意识，无论何时何地，只要有适当的原因，他就会不由自主地以校长的身份来思考问题、分析问题。

袁浩从事着自己所喜欢的教育事业，他过得很充实，也很幸福，用他自己的话说，就是"我幸福，因为我是教师"。

2002年北小的退休教师有8个人过大寿，在寿宴上，袁浩能够把每一个人的优点、特点都说出来，而且连时间、地点都说得特别清楚、特别具体。说什么A老师患有心脏病，每天身上都带着"救心丸"，可是晚上加班还是坚持到校；说什么B老师什么时候晚上开灯，他过去一看，发现B老师正在批改作业，而且连当时他们两个人又是如何交谈的，都说得特别详细；又说到什么时候C老师生病了，他当时由于什么特殊原因没有去探望，心里一直过意不去；退休老教师D在弥留之际，嘴里还在叫着"袁校长，袁校长"……

（冯欧南书记访谈记录摘要）

D老师在弥留之际仍叫着"袁校长",说明他和袁浩的感情是非常深的。为什么会这样呢？笔者认为,这与袁浩的寻优视角是分不开的。事隔了几十年,袁浩还能够说得如此详细,而且说的都是别人的优点,这说明他很善于观察别人的优点,善于观察别人的长处。一般说来,人都是希望能够与欣赏自己的人相处,所以袁浩和同事们相处得很融洽。另外,袁浩很关心别人,也很体贴别人,虽然自己做得很多,但仍然感到自己做得不够。人是有感情的,也是容易感动的,袁浩关心体贴别人,别人就会把他当成自己的朋友。所以,寻优视角和关爱别人是袁浩获得教师信任的重要因素。

另外,笔者注意到,在袁浩校长的言谈举止之间,他使用频率最高的词语就是"我们",他认为自己所取得的成绩是大家共同努力的结果；他认为没有同事们的携手合作,他将一事无成。从他说话时的表情可以看出,他说"我们"的时候是完全自然的,是发自内心的,没有丝毫的矫揉造作。笔者认为,正是这种谦虚的作风和集体主义精神使他不断地超越自己,不断地向更高的目标迈进。

袁浩坚信"校长,教师的朋友",作为校长,自己应当以朋友的心态去为教师服务,去为学生服务,这样才能在管理与服务过程中时时处处充满温情,才能更好地团结教师,最大限度地提高自己的管理水平和管理效益。

(中国教育报  苏令)[1]

---

[1] 王铁军主编：《名校长名教师集体性个案研究》,江苏人民出版社2007年12月第2版,第11—19页。

## 2. 己欲立而立人

"冯校长，我从北京回来了！"缪老师兴冲冲地进了校长室，"这是全部红旗标兵大队的锦旗、证书，喏，给您。"

冯校长望着眼前快乐得像小鸟一样的大队辅导员，笑容漾开了。

"我们学校这次可真是特光荣。全国只有十家获得这个称号，而我们夫小是江苏省唯一的一家。我上台领奖的时候，又激动又紧张，嘿嘿。"缪老师的眼里闪着光彩。

"这是你工作的成绩呀，祝贺你！"冯校长拍了拍缪老师的肩，轻轻柔柔的声音里透着温情，"我真高兴。"

是的，对冯爱东校长来说，感受着教师的幸福，她真的很高兴。她曾是全国优秀辅导员，她爱学生，喜欢和学生在一起，在学校大队的建设和活动方面，有很多的智慧、成绩。担任夫子庙小学领导后，她分管的工作多了，肩上的担子重了。学校的缪老师担任了学校大队辅导员。在缪老师刚担任大队辅导员那会儿，冯校长办公室是缪老师最依赖的地方。"有困难找我，我们一起做。"冯校长常对缪老师这样说。将心比心的冯校长知道辅导员工作不容易，一个校长，必须时时设身处地为教师着想，这是夫小管理的基础理念，也是夫小校长一直在认真实行的学校生活准则。

夫小有一个品牌活动，"我能行俱乐部"，在全国都有相当的影响力。它吸引了"知心姐姐"，"知心姐姐"决定在夫小搞一次主题活动，缪老师是这个活动的总策划。或许是工作有了一些经验，面对冯校长的关切，她总是信心十足地表示没有问题。可没想到，原本最精彩的俱乐部活动，却没能展示出学生的风采。"知心姐姐"带着遗憾走了。缪老师难过地抹眼泪，觉得太丢人了，再也不要当辅导员了。"不哭；擦擦眼泪，你尽力了。"那刻的冯校长更像一个大姐姐。"要说错，责任在我。我应该想到这样大型的活动，策划必须更精细些，每一个环节都要考虑到。来，我们分析一下，问题出在哪儿。我看啊，第一……"冯校长的体贴、自律，暖暖的，点燃起缪老师的信心。"我能做好辅导员，你也一定能。"校长的期待、鼓励，对教师来说，是前进的巨大动力。

新的活动策划方案做好了，冯校长亲自执笔，写了一篇《真我的风采》，并让缪老师和少先队的权威杂志《辅导员》联系，希望能和全国更多的学校分享收获。文章刊登出来，署的是缪老师的名字。缪老师直埋怨自己没和编辑说清楚，忐忑不安地找到冯校长，很难为情地一个劲儿说"对不起"。冯校长却笑呵呵地说："我看到了，没什么嘛，文章里也有你的智慧呀。以后还要多写多发表，对你的发展很有好处呢。"缪老师很感激冯校长，感激冯校长用包容、豁达的心胸保护了一颗年轻、敏感、自尊的心灵，感激冯校长淡泊名利，愿为教师搭建成长的平台。

今天，冯校长已是南京市的名校长，夫小的当家人；缪老师获得了江苏省优秀辅导员的荣誉，并成为了缪主任，分管学校的德育工作；新的大队辅导员是年轻的蒋老师，在冯校长、缪主任的关怀下，刚被评上"市十佳辅导员"；夫小的少先队工作更加红红火火，成绩骄人。爱人重人，推己及人，让夫小的管理既充满人文色彩又温馨，让每一位师生和夫小共同走向成功。

在夫小，"仁者爱人"，大家都在努力实践着"己欲立而立人，己欲达而达人"。学校领导理解、欣赏每一位师生，用温情与期待唤醒师生发展的主体意识，"教职工大会"、"校长信箱"、"夫小BBS论坛"等，让学校能够及时地了解教师，倾听他们的心语，接受他们的建议，鼓励教师参与管理。学校又引导教师把个人的发展和学校的发展紧密联系在一起。每位教师都要制订"个人发展规划",学校则为教师创设多种学习、考察、讲学的机会,帮助教师开专题研讨会、出专著等,这赢得了师生的尊重、信赖和认同。学校、教师之间互相扶持,彼此包容,团结协作。"夫小教师博客群"、"集体备课日"、"优秀教研组、年级组评比"、"师徒结对活动"等等,使夫小成为了一个大家庭,大家共同沐浴着爱的亲近与温暖。"小烦恼信箱"、"小星星电视台"、"星星小屋"(心理咨询室)、"校园开放日"、"表扬节"、"家长学校"等,则让教师和学生、家长的心靠得更近。大家及时交流情感,沟通信息,在交流中倾诉,在沟通中理解,在理解中形成发展的合力。爱众亲仁正成为夫小人立身、为学的最高境界,成为夫小人在新时代中的处事风格,成为全体夫小人追求个人、学校和谐发展的共同操守。

(夫子庙小学 袁方 刘红)[①]

## | 案例评析 |

上述两个校长的管理案例,向我们提出了学校管理中的一个重要命题——道德管理。

南京市北京东路小学老校长袁浩,是著名的语文特级教师,江苏省首批十五名名校长之一。他在北小辛勤耕耘40年,1984年担任副校长,1987年任正校长,在校长岗位上就有25年。在多年的学校管理工作中,他德高身正,为人正直,以身作则,率先垂范,以自身道德人格影响广大教师和学生,充分体现了校长角色形象的示范性、榜样性。他不仅在北小师生中具有很高的威望,而且

---

[①] 张俊平、朱从卫著:《活学孔夫子》,《江苏教育·教育管理》2008年第6期,第5—6页。

是江苏小学校长群体中杰出的代表。

冯爱东是南京市夫子庙小学的校长。"千秋夫子,百年夫小",是夫子庙小学百年校庆的宣传口号。该校通过营造"亲仁"文化创设校本化的管理特色。冯校长把"仁者爱人"、"己欲立而立人,己欲达而达人"等儒家经典思想与现代人本管理思想有机结合,打造夫子庙小学的"亲仁"文化,探索道德管理的模式与策略。

道德管理已成为当今学校发展中一个新的走向。在现代学校管理中,一个成功的校长,要实施有效的领导和管理,必须践行道德管理的思想,要把道德既作为管理的目标,又作为管理的手段。袁浩、冯爱东两位校长在践行道德管理上为我们做出了榜样。

## 向优秀校长推荐的书

1. 〔加拿大〕迈克尔·富兰著:《学校领导的道德使命》,教育科学出版社2005年1月第1版。

2. 〔美〕托马斯·J·萨乔万尼著,冯大鸣主译:《道德领导——抵及学校改善的核心》,上海教育出版社2002年5月第1版。

3. 〔美〕杰拉尔德·C·厄本恩等著,黄崴等主译:《校长论:有效学校的创新型领导》,重庆大学出版社2004年1月第1版。

4. 王铁军主编:《名校长名教师集体性个案研究》,江苏人民出版社2005年5月第1版。

5. 朱永新著:《我的教育理想》,南京师范大学出版社2000年11月第1版。

6. 李镇西著:《用心灵赢得心灵》,华东师范大学出版社2008年6月第1版。

| 第三章 |

# 思想力修炼
## —— 系统思考凝精气

没有思想就没有文学。

　　　　　　　　　　　　　　　　　　——白桦

学校的领导，首先是教育思想的领导，而后才是行政的领导。

　　　　　　　　　　——〔苏联〕瓦·阿·苏霍姆林斯基

思考，是人类活动的核心和动力。

　　　　　　　　　　　　　　　——〔荷兰〕费赖登塔尔

学习型组织的五项修炼：自我超越，改善心智模式，建立共同愿景，团队学习，系统思考。

　　　　　　　　　　　　　　　　　——〔美〕彼得·圣吉

## 一、学点哲学，提高哲学素养

校长是学校之魂，首先是学校办学思想之魂。杜威说过，每位教师都是带着自己的教育哲学思想走进课堂的。同样，每一位校长都是带着自己的教育哲学思想走进学校的。正如苏联教育家苏霍姆林斯基所说："学校的领导，首先是教育思想的领导，而后才是行政的领导。"① 思想是行动的先导。尽管思想观念是看不见、摸不着的，而它却实实在在地发挥着作用，指导着人们的教育行为、教学行为和管理行为。一所学校有了科学的办学思想、教育理念，就有了学校的精神支柱和崇高的教育思想信念，也才可能会产生科学的教育行为。正如人们所说，请关注你的理念，因为理念决定你的语言；请关注你的语言，因为语言决定你的行为；请关注你的行为，因为行为决定你的习惯；请关注你的习惯，因为习惯决定你的性格；请关注你的性格，因为性格决定你的命运。可见，人们只有发于理，才能施于行，结成果。

学校教育是面向少数学生，还是面向全体学生，让所有学生在学校都能抬起头来走路？是仅仅为少数升学有望的学生服务，还是为全体学生服务，让所有学生都能面向未来？是办淘汰教育、选拔教育，还是办普及教育？是让学生片面发展，还是生动活泼地发展？是让学生唯唯诺诺、循规蹈矩，还是充分开发学生的创造潜能？课堂教学是死气沉沉、机械呆板，还是焕发生命的活力？

---

① 湖南教育编辑部编：《苏霍姆林斯基教育思想概述》，湖南教育出版社1983年9月第1版，第213页。

学校管理是外控式管理,还是自主管理;是"一言堂"家长制的专制管理,还是师生员工积极参与的民主管理?这一系列问题都涉及一所学校的办学思想、教育理念,涉及一所学校的教育观、学生观和发展观。

一所学校能否确立科学的教育理念,并且具有独到的教育思想,在很大程度上取决于校长。校长的办学思想,直接或间接影响着教职工的办学思想,从而影响着学校的办学思想。成功的校长无不注重教育思想的转化,即善于把自己的教育思想转化为师生员工的教育思想。当年陶行知先生在创办晓庄乡村师范学校、育才学校的过程中,提出生活教育思想,即"生活教育"、"社会即学校"、"教学做合一",并以其生活教育统领学校教育教学,统一全体师生员工的思想,使生活教育思想成为全体师生员工的办学理念,并以此指导学校的教育行为,形成了晓庄乡村师范学校、育才学校生活教育的办学特色和办学模式。上海闸北八中校长刘京海通过多年的探索与实践,提出了成功教育的思想,即通过帮助学生获得成功,以提高学生的学习自信心,激发学生的学习积极性。刘京海认为,要让学生成功,必须先使教师成功。要用成功教育的理念和方法来培训和提高教师。他要求每位教师制订成功计划,逐一实施,在骨干教师中开展"超越自我,超越他人"专题活动,帮助教师总结教学特色和发掘潜力。如今,成功教育已成为闸北八中师生员工的共同精神财富。可见,校长的办学思想和教育理念对一所学校发展的作用是不可估量的。一位校长,不管是否自觉意识到,总是有自己的办学思想和教育理念的,并以这种思想观念影响着学校的办学行为、办学水平和办学质量。有思想的学校需要有思想的校长。加强思想修养,成为一名有思想的现代校长应是每一位校长努力追求的目标。

恩格斯说:"一个民族想要站在科学的高峰,就一刻也不能没有理论思维。"[①] 哲学家康德的墓志铭中写道:"重要的不是给予思想,而是给予思维。"刘效仁在《崛起的大国不能没有哲学、哲学家》一文中指出,国家和民族需要哲学,一个崛起的大国不能没有哲学,不能没有哲学的引领和烛照。每一种战略的背后都有一种哲学的支撑,在思维方式、思想的深度和广度、道德境界和人生理想等方面,哲学都有自己独特的贡献。戴高乐说,在亚历山大的行动里,我们能够发现亚里士多德。同样,在拿破仑的行动里可以发现卢梭和狄德罗。这些论述是十分精辟的,对于广大中小学校长具有重要的启迪作用。有思想的校长,首先要学点哲学,提高哲学素养。

科学的教育管理哲学素养是现代校长特定的知识素质之一。校长要高瞻远瞩,高屋建瓴,卓有成效地进行教育管理,就必须有科学的管理哲学思想做指导。学校管理中的现实问题,并非都是技术性的,而往往是具有一定的哲学性质。一个学校如果缺少科学的管理哲学,即使有现代化的设备和条件,也不一定能成为第一流的学校,不一定能适应未来教育的要求。美国教育哲学专家乔治·F·泰勒在《教育哲学导论》一书中指出,"个人的哲学信念是认清自己的生活方向的唯一有效的手段。如果我是一个教师或教育领导人,但没有系统的教育哲学,并且没有理智上的信念的话,那么我们就会茫然无所适从"。现代校长要领导学校走向成功,必须具有科学的管理哲学素养。

管理与哲学是密不可分的。管理活动作为人类自觉的活动,也

---

① 恩格斯著:《〈反杜林论〉旧序》,载《马克思恩格斯列宁斯大林论思想方法和工作方法》,人民出版社1984年11月第1版,第108页。

必然具有一定的哲学色彩。科学管理奠基人泰罗说过，科学管理从本质上来说，包含着某种哲学。日本的经济管理家镰田胜写了《怎样提高领导艺术》一书。他在书中写道："领导艺术要以思想、哲学为指导。仅仅以我为中心，思想水平低的领导是不会长久的。相反，经常考虑整体，有崇高理想的领导才是强有力的，甚至有时具有深远的影响力。"英国的克·霍德金森在《领导哲学》一书中指出，"管理是行动的哲学"，哲学是管理行为的一个组成部分，是一个核心部分。他认为，"倘若哲学家不会成为管理者，那么管理者必须是哲学家"。这些论述都揭示了管理与哲学之间的有机联系。正由于如此，有人提出现代管理的一个公式：哲学素养＋管理科学＋管理艺术＝管理水平。

学校管理活动是一项特殊的社会实践活动。科学的教育管理哲学是在马克思主义的世界观和方法论指导下，揭示教育管理活动的本质和规律，研究科学的教育管理观和方法论的学问，它渗透、融合在一切教育管理活动之中。不同管理者以不同的哲学观和管理观为指导，运用不同的管理方法，在其他条件相同的情况下，会出现截然不同的管理效果。科学的教育思想、管理哲学思想，是现代管理教育知识的精髓，有助于提高校长的教育思想境界，确立科学的教育价值观，提高从事学校管理的自觉性。

校长是学校的灵魂，不仅仅是指校长个人对学校发展的功能作用上，更重要的是指校长对学校的价值引领和办学思想的引领。北京师范大学的石中英教授在《提升价值领导力：校长的必修课》一文中指出，真正的教育家必须具有广阔的价值视野、丰富的价值意识和卓越的价值领导能力。只有这样，校长才能成为名副其实的"学校的灵魂"，在学校管理和学校发展中充分地发挥其灵魂作用。他认为，价值领导力是领导者运用价值领导艺术以解决管理实践中出现的问题，调控管理行为，实现组织目标的能力，就是一种用共同价值观领导个体价值观的能力。它包括价值识别能力、价值引导能力、价值辩护能力、价值整合能力、价值实践能力等。价值领导与道德领导、文化领导等有相关性，也是一种"软领导"。价值领导力正是校长哲学素养的一种表现，是哲学素养在学校管理中的具体转化，或者说是校长哲学素养的集中体现。

　　学习哲学，提高哲学素养，能够促进广大校长自觉地生成和升华学校管理的悟性。管理悟性是一种管理的灵性，反映学校管理者在管理实践中的"开窍"程度，包括在特定环境、特定条件、特定情境中的分析能力、判断能力、洞察能力等，它是管理者世界观、人生观、价值观、管理观的综合反映。管理者悟性的形成，既有先天因素，又有后天的因素。正确的态度是，一方面要不断地激活先天悟性，另一方面又要十分重视后天悟性的培养。管理悟性的提升，是领悟、体悟、顿悟三个环节有机统一的过程。领悟是指对社会主义教育方针、教育政策以及上级教育行政部门的决策与意图等进行消化吸收，形成自己的独特理解、独到见解和有自身特色的领导管理思路，使自己成为善于统揽全局和把握大势的"明白人"。体悟，是对实践中形成的感性经验的理性总结。体悟实质上是把经验上升到规律性认识的过程，即由感性认识转化为理性认识。通过在管理实践中不断提升体悟能力，可以把自己培养成为苦干加巧干的"有心人"。顿悟，是一种瞬间迸发的灵感，是瞬间产生思想火花的过程。顿悟并不是突然从天上掉下来的，而是厚积薄发所产生的效应。没有天长日久的经验积累，顿悟是难以形成的。校长应在学校管理实践中不断提升顿悟能力，及时抓住自我的第一感觉，不断调动自身潜能的丰富经验，实现认识飞跃，从而把自己培养成为能举一反三、触类旁通的"开窍人"。

## 二、学习先进教育理论，确立现代教育理念

校长的办学实践及其成功道路需要教育思想支撑，都有教育理论贯穿其中。教育思想是校长的"主心骨"，是校长展翅高飞的翅膀。实施学校的思想领导，就要求校长精通教育科学理论，并使这门科学成为科学地领导教育、教学工作的基础，成为组织全校师生活动的基础。校长应当成为有理论见解、有丰富经验的教育家，这是成功校长所得出的具有规律性的结论。广大中小学校长只有认真学习和实践教育科学理论，才可能变革落后陈旧的教育观念，确立现代教育理念和办学理念，才可能用战略眼光认识和处理学校教育与社会主义现代化建设的关系、学校和受教育者自身发展的关系，从而高瞻远瞩地把握学校教育发展的方向和目标；才可能具有清醒的头脑，系统地思考和不断地反思自身工作，把自身的工作经验加以理性总结，使之上升到理论高度；才可能提高理性思维水平，提高教育鉴别力，敏锐地洞察学校教育工作中出现的问题，并加以研究、解决，从而提高教育科学素养，为成为专家型校长奠定坚实的理论基础。

在当今课程改革、教育改革的潮流中，围绕以提高素质为核心的全面发展教育指导思想，已逐步形成了一系列的现代教育理念。现代教育理念是现代教育科学理论的具体化，是鲜活的教育科学理论。

### （一）生活教育理念

这是陶行知先生在20世纪30年代的教育改革实践中提出的。

陶行知先生认为，生活教育就是"以生活为中心的教育，是供给人生的需要的教育"，"过什么样的生活，就是接受什么样的教育。生活无时无刻不包含教育的意义"。这一思想对今天的课程改革、教学改革仍然具有重要的指导价值。我们学校的课程，我们学校的教育，要贴近生活，贴近实际，贴近学生。学校教育绝不是仅仅为了分数，为了成绩，为了考试，为了升学，归根到底是为了人们的生活，为了学生的发展，为了满足学生生存、发展的需要。陶行知先生创办的新安旅行团是江苏省淮安市新安小学的母校。该校多年来自觉践行生活教育思想，传承"新旅"文化，坚持以生活化为特点进行课程改革、教学改革，促进学生自主成长和学校和谐发展。

### （二）生态教育理念

生态教育是在科学发展观指导下，从人与自然、人与环境互相依存、和睦相处的生态思想出发，引导学生从小树立一种新的人生观、自然观、道德观，养成保护自然环境和生态系统的思想意识及相应的行为习惯，正确理解和处理人与自然的关系，自觉反对破坏自然环境的行为。清华大学较早提出了绿色教育、绿色校园的观点。如今，生态教育理念已逐步深入人心，建设绿色学校已成为广大校长和师生员工的实际行动。广州市邓世昌纪念小学，以生态教育为抓手，坚持不懈地对学生进行环境教育，自编、开设绿色课程，在各门学科教学中渗透绿色教育，开展丰富多彩的绿色活动，如举办环保时装表演、组织学生环保小组对汽车的废气进行监测，对学校附近的河流污染情况进行为期一年的调查，提取水样进行水质分析，寻找解决问题的办法。学校还组织师生开展"模拟污染物对蔬菜生长影响的对比实验"、"学校生态规划"、"商品过度包装的调查与分析"等课题研究。

### (三) 生命教育理念

生命教育是培养珍惜生命、尊重生命、热爱生命的态度，增加人们对生活的信心和社会责任感，树立正确的生命观，提高生存技能，提高生命质量，开发生命潜能，促进生命发展的教育活动。上海市2005年颁布了《中小学生命教育指导纲要》，要求对学生进行认识生活、珍爱生命、敬畏生命、善待生命等方面的教育目标与内容。泗洪县教科室特级教师钱巨波同志主持教育部"十五"教育科学规划课程、江苏省"十五"教育科学规划重点课题《小学生命教育实践与探索》，取得丰硕成果。他主持编写了生命教育的教材，设计了生命教育系列活动方案，总结一线教师开展生命教育的经验和操作模型，编写了生命教育的课堂教学案例，有效地推动了全县生命教育的实践和探索。

### (四) 人文关怀的教育理念

20世纪教育改革的主题词是"学会生存"，而21世纪教育改革的主题词是"学会关心"。近些年来，联合国教科文组织倡导一种关怀教育的理念，主张课堂关怀、班级关怀、学校关怀，整个学校都要成为关怀的人际环境。美国教育学会主席内尔·若汀斯在《学会关心——教育的另一种模式》一书中指出，"关怀是所有成功教育的奠基石"。关怀教育既是一种处世哲学、一种教育哲学，又是一种蕴涵包容、理解的大智慧。人文教育理念，首先主张尊重的教育。尊重学生的天性，尊重学生的人格，尊重学生的情感，保护学生的自尊心。其次，主张理解教育、体谅教育。为理解而教，为理解而学，理解学生的需要，理解学生的价值追求，理解学生的情感，理解学生的思维方式。第三，赏识教育。用欣赏的眼光看待学生，多给学生一些鼓励。苏霍姆林斯基曾说过："赏识是教师手中最奇妙的力量。""请记住，成功的欢乐是一种巨大的情绪力量，可以促进儿童好好学习的愿望。请你注意，无论如何不要使这种内在的力量消失。缺少这种力量，教育上的任何巧妙措施都是无济于事的。"① 第四，情感教育。强调情感在教育中的作用，热爱是学校教育的催化剂。爱一个人，就等于教育一个人；爱一个人，就等于塑造一个人。第五，人文关怀教育，归根到底是学会做人、学会做事的教育。关怀教育落实到学生的身心健康发展，努力使学生都有一颗感恩的心，有感恩的情怀。海南省儋州市那大二中根据关怀教育理念提出，每天给学生一个微笑，每天给学生一句鼓励，在每个学生身上发现一个"闪光点"，尽可能给每个学生提供一个发挥才智的舞台。江阴市华士实验学校吴辰校长则提出"让人人都享受一份爱，让人人都得到尊重，让人人都享有机会，让人人都有所追求，让人人都体验欢乐和成功"。

### （五）智慧教育的理念

智慧不是知识，不是智商，也不是一般意义上的聪明。它是理念、能力、技巧、情意、艺术等的有机结合体，是一种综合能力。智慧教育是指在教育教学情境中的智慧性的活动。具体地说，智慧教育表现为不仅教给学生知识，而且教给学生知识迁移的能力、终身学习的本领；不仅使学生学会，更要会学。新一轮的课程改革倡导智慧课堂、智慧教学、智慧教育，就是要改变过于强调接

---

① 〔苏〕B·A·苏霍姆林斯基著，杜殿坤译：《给教师的建议》，教育科学出版社2001年1月第1版，第39页。

受学习、死记硬背、机械训练的传统教育教学模式，使学生自主学习、合作学习、探究学习、发现学习，以建设新的课堂生活秩序。

对于学校管理者，不仅要确立智慧教育的理念，而且要确立智慧管理的理念。首先，学校管理没有统一的一成不变的管理模式，而是因时、因地、因人制宜的，需因时、因地、因人选择处理问题的方式、方法，因此要有对周围环境的适应和应变能力。其次，智慧管理追求一种精致化、卓越化的管理境界，应"追求卓越，提升品质，精益求精，好上加好"。在学校管理工作中，在处理各种问题中，应选择最佳的方式、方法，选择最好的解决方法，以达到最佳处理、解决问题的效果。第三，智慧管理，归根到底是一种管理创新，它不因循守旧，墨守成规，而是勇于超越和突破，使校长成为一名超级领导者、管理者。

### （六）教育服务的理念

早在20世纪80年代，吕型伟先生就根据邓小平同志的"领导就是服务"的思想提出了"教育就是服务"。近些年来，适应教育改革深入发展的要求，教育界进一步提出了教育服务的观点。教育服务是指：（1）学生是教育对象，又是服务对象；（2）教育服务对象不仅包括学生，还包括学生家长，学校所在的社区；（3）提供优质教育资源，努力提高教育质量。例如，上海市北效学校践行教育服务的思想，制定学校质量管理手册，建立质量管理室，家长与学校签署承诺书。再如，溧阳市实验小学实践教育服务的理念，形成一条"校长为教育服务——教师为学生服务——学生为社会服务"的"服务链"。该校实行学生、家长选师制，教育投诉制及信任投票制，把好"三关"，即入口关、过程关和出口关，使教育服务落到实处。

### （七）教育经营的理念

教育经营的概念最早来自日本，日本1958年就成立了教育经营学会，并提出了教育经营的理念。教育经营有狭义与广义之分。狭义的教育经营，指把企业的经营管理思想部分地运用到教育管理之中，以促进教育的发展。广义的指策划营谋教育的发展，把经营的理念引入学校，其目的是促进学校的发展。经营是手段，发展是目的。通过经营，进一步确立学校的使命，明确学校的性质和价值，更好地发展教育的服务功能。

### （八）校本发展的理念

校本发展是近年来从国外引进的理念。针对外控式管理的弊端，一些发达国家提出了学校本位发展的思想，主张赋予学校更多的办学自主权。校本发展是重视学校自身力量和自身发展的一种理念。它的基本思想是自主办学和民主参与，主张学校也是决策单位，也具有决策权；学校在财政、人事、课程等方面应获得更多的权利；师生员工、社区、家长应民主参与学校办学和管理等。如今，校本发展已形成一个概念群，包括校本课程、校本教学、校本教研、校本培训、校本活动、校本管理等。

## 二、在实践中潜心探索，形成校本化办学理念

苏霍姆林斯基认为，校长要实施"教育思想上的领导"，包括两层意思：一是校长必须"充当教育科学和教育实践两者间的中

介人"，并率领全体教师充当这种"中介人"。二是指校长不仅是教育科学理论的实践者，而且充当着教育科学规律的探索者，带领全体教师去"创造性地发展教育思想"，"形成自己的教育信念"。在这方面，苏霍姆林斯基身体力行，为广大校长树立了榜样。在长达30年的教育生涯中，他广泛涉猎教育著作、科学著作以及文艺作品，分门别类地记下了多种学习笔记。他非常尊重克鲁普斯卡娅和马卡连柯，称他们为自己精神上的导师。但是他对别人的思想和经验，不搞本本主义，不生搬硬套，而是边学习，边实践，边思考，从自身教育实际出发，创造性地继承和发展前辈教育家的思想，提出了学生个性和谐发展的这一个性化、校本化的教育思想体系，被学术界评价为当代"活的教育学"，是"马卡连柯思想的继承发展和进一步丰富"。

　　苏霍姆林斯基的教育实践与研究给我们的重要启示是，教育理论与教育实践必须紧密结合，必须转化为富有生命力的实践性的教育理论，即本土化、校本化的教育理论。这一理论是扎根于实践的理论，是实践性、扎根性的教育理论。只有这种扎根性、实践性的教育理论才会对教育、教学工作及学校管理工作发挥实实在在的指导作用，才会对教育实践产生深刻而久远的影响。武进星辰实验学校庞荣瑞校长提出"严格而自由"这一富有哲理、有辩证思维的学校管理思想，正是一种实验性、扎根性的学校管理理论，它把科学管理与人本管理进行有机的结合，形成了星辰实验学校有特色、有个性的校本办学思想和校本发展策略。上海市建平中学以"合格＋特长"而享誉全国。"合格＋特长"不是哪一个人的主观臆断的产物，而是建平人在对学生发展规律充分理解和对社会需要深刻把握基础上的自觉选择。"合格＋特长"的培养目标和"规范＋选择"的办学模式，为学生特长发展提供了内在动力，搭建了展示才华的舞台，创造了宽松自由的环境，使学生素质不断提高。这主要表现在如下几个方面：（1）学有所长。建平中学的毕业生除了毕业证书外，通常每个人还有几张社会承认的其他证书，因为他们在各级各类竞赛中屡屡获奖。（2）以长补短。学生发展特长，极大提高了对自己的期望和要求，改变了对自己的看法，自信心得到增强。（3）全面发展。在建平中学，合格首先是做人的合格，先学做人，后学会做学问，学会做人比学会做学问更重要。学生的特长，首先是"做人"上的特长，学生追求的一流首先是人格上的一流。

无锡市天一中学在现代教育理论的思想指导下，提出了发展性教育的理念。该校沈茂德校长认为，发展性教育思想是指，让每个学生的个性、才能与潜力都得到最大限度的发展，让每个学生都能在天一校园里享受到成功的喜悦。发展性教育的宗旨就是一切为了学生，全面发展学生的素质，教会学生做人、求知、办事、健体，使学生成为一个关心他人的人，成为严格律己、忠于职守、遵纪守法的人，成为艰苦奋斗、勤俭节约的人，成为有个性特长和发展能力的人，做一个堂堂正正的高素质的现代中国人。为促进学生自主发展，该校注重塑造学生"天一人"的人格，磨砺"天一人"的意志，设计"天一人"的形象。该校提出"天一人最有道德，天一人最讲文明，天一人最有礼貌，天一人最守纪律，天一人最爱清洁，天一人最爱节约"，以此激励学生塑造良好的"天一人"的形象。正是在发展性教育思想的指引下，学校教育质量不断提高，赢得了良好的社会信誉和社会支持。

我们的校长在学校思想引领工作中，应向苏霍姆林斯基学习，认真学习，勤于学习，认真实践，勤于实践，做教育理论与教育实践的中介人，善于把教育基础理论转化为实践性的教育理论，转化为个性化、校本化的教育理念。这种转化工作正是创造性的劳动，是专家型校长的成长土壤。

## 三、系统思考，做一名反思型校长

山东省济南市珍珠泉小学郑晓云校长体会到，反思是校长成长的阶梯。她在"手记"中写道："几年来，反思一直伴随我成长。今天的我，已经没有了当初的茫然无措。从反思中，我形成了自己的办学思路，并体验到校长这份职业的美好。当我把反思与自己的日常工作紧密结合在一起的时候，我发现，校长这份职业已经超越了工作本身的含义，或者，更准确地说，反思使我认识到了校长这份职业应有的含义。可见，反思不仅成就了我的职业，还成就了我的人生，它使我活得有底气、充实、快乐。我坚信，成功的校长一定是具有反思习惯的人。"郑晓云校长的肺腑之言，告诉我们一个道理，反思实践是校长专业发展的必不可少的路径和策略。成功校长无不是在反思实践中成长和发展的，反思实践是校长的成功之道。

系统思考，反思实践，是当代学习型组织的一个核心理念，也是现代人的重要修炼之一。美国麻省理工学院管理学教授彼得·圣吉先生在《第五项修炼》一书中系统提出了学习型社会、学习型组织的命题，他说："当今社会是学习型社会，当今组织是学习型组织，整个社会就是学习的演练场。"学习型社会、学习型组织的观点被认为是对现代管理学理论的重大发展，是当代组织发展的一场深刻改革。什么是学习型组织？彼得·圣吉认为，学习型组织是指能够设法使各阶层人员全心投入并有能力不断学习的组织。具体来说，学习型组织包括五个方面的内涵：（1）学习型组织是一种不断学习与转化的组织。（2）学习型组织包括个人、团队、内外组织的学习。（3）学习型组织运用系统思考解决问题，并增进、扩充个人知识和经验。（4）学习型组织应体现在学习、生活、工作的各个方面。（5）学习型组织注重学习成果的共享。如今，学习型组织的思想已得到世界各国的重视，成为社会组织变革的理论基础和发展目标。彼得·圣吉还提出学习型组织的五个特征或五个修养，即自我超越、改善心智模式、建立共同愿景、团队学习、系统思考。彼得·圣吉特别关注系统思考，把书名定为"第五项修炼"。他认为，系统思考是五项修炼的轴心、核心。系统思考是一种观察、认识事务环状因果关系的思考过程，扩大思考范围，促进了解事物、行为模式、系统及心智模式四种层次之间相互关系的思考方式。系统思考是对事物或问题作整体系统考量，注重事物或问题的整体性，关照事物的相互关系，寻求一种动态的平静，而不是只对单一事物或问题作孤立个别思考，只见树木不见森林。传统组织只是以经验法则与线性思维为主，是一个僵化、保守、被动、缺乏生命力的组织。学习型组织则注重强化组织成员的专业发展，以整体为判断准则，利用系统思考模式，对问题加以妥善解决，从而提升组织的效能。学习型组织是现代学校建设、学校组织改革的重要指导思想，系统思考是现代校长的重要修炼。

　　系统思考与反思实践是同一范畴的概念。反思是指一种推理的理智活动。洛克认为，反思是一种内省活动。康德指出，反思是概念赖以产生的逻辑活动，黑格尔赋予反思概念以丰富的内涵。他认为，（1）反思是一种事后思维，是事后形成的思想。（2）反思是一种本质性的思维，"本质的观点一般地讲来即是反思的观点"。

(3) 反思是一种批判性思维,"批判即需要一种普遍意义的反思"。(4) 反思是纯粹的思维,以思想本身为内容,即对既有的思想成果的思考。(5) 真正彻底的反思思维,不仅是反思的、本质的、批判的以及纯思的,同时还必须是"思辨的",即辩证的;辩证思维是反思的最高形式,它是同形而上学相对立的。从以上简要的论述中,可看出系统思考与反思思维是同一含义的。

当今世界,反思已成为教育改革、教师教育的一股重要思潮。"反思性实践"、"反思型教学"、"反思性教师"、"反思型校长"等概念相继问世。杜威不仅论述了反思性思维与教学过程之间的关系,还提出教师是反思性教学的实践者。而布鲁克菲尔德在《批判反思型教师ABC》一书中提出了批判反思型教师的概念。美国学者波斯纳提出"教师成长 = 经验 + 反思"的公式,北京师范大学林崇德教授也提出"教师成功 = 教学过程 + 反思"。还有的学者把教师分为经验型、技术型教师与反思型、研究型教师两种,成功的教师、优秀的教师应是反思型、研究型的教师。同样,我们的校长也不能停留在经验型、技术型层面,而应当追求反思型、研究型校长的发展目标。

什么是反思型、研究型校长?笔者在"十五"期间主持江苏省教育科学规划重大课题"名校长名教师成长机制与规律的整合研究",课题组对名校长的内涵做了界定。名校长应当是反思型、研究型的校长。名校长是指具有高尚的教育伦理精神与职业道德品质,有先进独到的办学、管理思想,突出的办学业绩和丰硕的教育科研成果,并具有一定社会影响力和公众知名度的校长,即专家型的校长。具体来说,必须具备以下条件:第一,热爱人民教育事业,热爱学校管理工作,乐于奉献,精于服务,公正廉洁,为教育理想和教育信念执著追求。第二,注重学校思想引领,系统思考与规划学校的发展，总结工作经验，反思教育问题，提出独树一帜的校本化的教育思想和办学理念，并把它转化为教职员工的教育行为。第三，自觉遵循教育规律，勇于改革，敢于创新，取得突出的教育业绩，形成鲜明的办学特色。第四，学习借鉴，博采众长，不断吸收国内外先进教育思想和经验，并能融会贯通，为我所用。第五，尊重教育科研价值，坚持不懈地开展教育试验和校本研究，取得卓有成效的教育科研成果。第六，善于放大学校优质教育资源，塑造和整合学校形象和个人形象，具有一定的公众知名度和社会影响力。这几个方面是相互联系、相互渗透的，是不可分割的。如系统思考、反思实践，是渗透在校长工作的方方面面的，在各项工作中都需要思考，需要反思。

系统思考，反思实践，对于校长成长与发展起着不可估量的作用。在现实中，我们的校长大致可分为三种类型：一是循规蹈矩、无所作为、一事无成的校长。二是有所作为，但不会反思的校长。三是积极创新，不断反思的校长。这三类校长相比，第三类校长既有改革、创新的精神，敢于实践、积极进取，又能不断反思，不断总结。通过反思实践，他们使理论性知识转化为实践性知识，在行动中学习，在学习中行动，不断改进和提高自己。这样的校长才能引领师生员工前进，带动学校持续、健康地发展，才能办充满生机活力的成功学校。

江苏省溧阳实验小学芮火才就是一位既有改革创新的精神又能不断反思实践的成功校长。他在《从众还是慎独》的文章中总结自己成功的体会：慎独是我个性中最突出的一部分。我对领导很尊重，但不唯上；我很喜欢看书，但不唯书；我经常到兄弟学校参观学习，但不照搬照套；我不固执，但不轻易改变自己的观点。校长有了慎独意识，学校才有可能办出个性，办出特色，才能获得持续的发展。校长要有慎独意识，首先要有正确的价值取向。如果做校长只是为了讨好领导，图个表面繁荣，为自身利益考虑，就不可能慎独。校长只有把学生和家长的利益放在第一位，真心实意为了每个学生的发展服务，才有可能做到慎独。其次，校长对社会、对教育要有较高的理解能力和水平。只有这样，校长与众不同的理念和别出心裁的做法才具有它的科学性和艺术性，才有可能不被外在的诱惑所动，从而达到"众人皆醉，唯我独醒"的境界。芮火才校长说：记得学校在一次全市数学学科抽考时，学生成绩不够理想，教师和校长承受了很大的社会压力。许多教师认为原因是我校学生在校时间短，练习数量少，建议延长学生在校时间，增加学生作业量。凭我的经验，我知道，如果按照老师们的意见去做，学生的考试分数的确会有较大的提高。但我认为，提高考试分数，或在学科抽考中超过兄弟学校并不是我们教育的终极目标，更何况，我们考试分数低的主要原因不是出在学生负担轻上，而是出在我们的课堂教学质量还有待进一步提高上。于是，我们顶住压力，坚持实施素质教育，没有加重学生任何负担，而是在提高课堂教学质量、发挥学科结构功能方面下了很大的工夫。事实证明，我们所走的提高教学质量之路是完全正确的。在近几年举行的全市学科抽考中，学生都取得了较好的成绩。再次，校长要充满自信。慎独者，一般都是少数派，反对者众多，支持者较少，只有充满自信才能克服困难，终成"正果。"

如何提高反思实践能力，做反思型校长？（1）增加反思实践的意识，逐步养成反思实践的良好习惯。充分认识反思实践对个人成长与学校发展的价值作用，使反思实践成为发展的内在需求。（2）努力学习，改善心智模式，在思维方式上进行自我变革。要用理论思维代替经验思维，用多向系统思维代替单向的线性思维，要用整体的全局的思维代替"只见树木，不见森林"的个别思维，要用发展的动态的思维代替静止的孤立的思维等。（3）把握反思的三个层次。一般来说，校长的反思有3个层次：第一，总结自己或他人的工作经验，使之上升为理性认识。第二，勇于自我反省、自我解剖，"吾日三省吾身"，像焦裕禄同志那样经常"过电影"。第三，敢于批判、否定自我，努力寻求在新的平台上跨越发展。这是最高层次的校长反思。（4）注意影响反思的三种因素，提高反思效果。英国学者伊恩·麦吉尔、利兹·贝蒂把影响反思的三种因素归结为：第一，回到你当初的体验，通过某种类型的描述来重新演示它，如向别人描述。第二，注意与体验相关的感觉。感觉也会影响到对事件的反应。第三，重新评价已获得的经验，并注意描述和感受。①（5）掌握进行自我反思的具体方法，如"左手栏"方法、札记反思法、自传反思法、档案袋法等。"左手栏"方法是在一张纸上有两个栏目视窗，右手栏是记录我与别人对话的内容，左手栏是记录我在对话时想说而没有表述出来的东西。校长在日常工作中可以运用这种方法将自己所说所做记录在右手栏，想说想做而没有实现的写在左手栏。将左右两栏相互对照，可以更加清楚地认识自己。（6）反思中需要注意的问题，如放慢思考过程，避免"抽象的概括"，思考要有较深层次，而不是从表面现象中得出结论等。

---

① 〔英〕伊恩·麦吉尔、利兹·贝蒂著，中国高级人事管理官员培训中心组织翻译：《行动学习法》，华夏出版社2002年版，第174页。

## 案例及评析

### 正本清源，除弊出新两相宜

校长的领导力，是学校发展的核心元素。为了不断提升领导力，庆阳二中校长慕政重捕捉素质教育的前沿思维，利用在北师大博士班学习的机会，坚持勤奋学习和研究思索。

针对二中积弱积弊的现状，他着眼于推动学风和教风的好转。学校组织全体教职员工对苏霍姆林斯基、杜威、叶圣陶、蔡元培、陶行知以及当代一些知名校长的教育思想，进行全面细致的学习，灌输和培养科学的教育观。他山之石，可以攻玉。在短短的一年多时间内，庆阳二中克服了"囊中羞涩"的掣肘，组织中层以上管理干部、班主任和部分科任教师100多人次，分期分批赴浙江、江苏、河北等一些中学，成建制地进行考察学习，让教师们感知"外面世界的精彩"，体味二中存在的差距和误区，让大家知彼而后勇，矢志以图强。

慕政重校长有一些轶事，很值得品味。

在平泉中学时，一位领导带着孩子见他，在草坪边谈话时，领导将吸完的烟头扔到了地上。慕政重看着领导说："你这个习惯不好嘛，你如果不捡起来，你的孩子就得捡起来。"那个学生闻声如令，迅即弯腰将烟头捡起。

无独有偶。在庆阳二中的校园里，他叫住了一个迎面而来的女生，正色问道："你被丘比特神箭射中了吗？"原来女生戴着一条"神箭穿心"的项链。

看了这两则真实的故事，多少会让人心里翻腾，一般情况下，如此锣鼓当面敲，真是掰不开面子。可是，教育哪容放纵和谄媚？这种"蜂蜇式"的教育方式，无情中蕴涵着真情，目的只是让受教育者即知即改。也许有人会惊叹于校长的勇气，无畏出自无私，其实，它更能折射出师道的庄严。

慕政重认为，学校工作永远是教育大于教学，教育必须先教做人，然后才能真正成才，他说学生要"简简单单生活，踏踏实实干事，勤勤恳恳学习，堂堂正正做人"。他提得最响亮的一句话是：教育学生养成良好的学习、生活、行为习惯，为学生的明天奠基。

到庆阳二中任职后，慕政重发现学校的最大问题，就是全体师生形成"卑"的心理定式。他认为，振兴庆阳二中，首先要着眼于人的发展，从人的工作做起，应抓人抓志，正风正气，应解决师生胸无大志、情绪悲观、作风萎靡的问题。为此，他主持制订了《庆阳二中"十一五"规划》，提出了"努力创办人民满意的学校，朝着省级示范高中迈进"的近期目标。学校还开办了中新国际友好实验班，引进新西兰优质教育资源，充实和加强高中英语教学，为学生到国内外名牌大学深造搭建"绿色通道"。

慕政重认为，学校是育人的摇篮，应当是风轻云淡，应当是静谧安详，应当是书声琅琅，应当是歌声阵阵。学生是孩子，天性活泼，但学校和教室是学习的地方，不能无序而"闹"，为此，他提出"入校即学、入室即学"。他在学校大力宣读和强调，不能因个别学生玩耍的自由而侵犯大多数同学学习的权利。学校张贴"沉默是金，静能生慧"、"不敢高声语，恐惊读书人"之类的标语，用潜移默化的方式，营造一个宁静的学习环境。

学校成为"战场"，教师自然"怕"学生。在第一次教职工会上，慕政重特别注意纠正这个问题。他说，一个学校教师如果不管学生，那这个学校就失去了存在的意义。他说，天下没有办不好的学校，没有教育不了的学生，只有缺乏勇气和智慧的教师。教育是一种平和与充满善意的引导，本身没有多少强制性，但对于极个别扰乱正常学习的现象，学校则必须严肃对待，以保证正常的教学秩序。

庆阳二中的学生绝大多数来自城市，家庭条件和大环境使然，学生多有"娇"的物性，缺少耐性。慕政重则提倡学生要"三苦"，即生活艰苦、学习刻苦、心理能承受痛苦。刚开始一些学生难以适应，社会上也多有不解，有些人对二中的教育理念提出质疑。但时间是最公正权威的裁判，如今学生们大多认为，"奋斗并快乐着"，才应该是中学生最舒心、真实的快乐。

（摘自张占英：《道在阡陌间——慕政重办学思想与庆阳二中之"嬗变"》，《中国教育报》2009年7月17日）

# 案例评析

甘肃庆阳二中的慕政重是一位执著追求、求真务实的校长。他的办学思想和办学主张朴实无华，简单明了。他说，教育先教做人，然后才能成才。要求学生"简简单单生活，踏踏实实干事，勤勤恳恳学习，堂堂正正做人"，认为"学校是育人的摇篮，应当是风轻云淡，应当静谧安详，应当是书声琅琅，应当是歌声阵阵"。这些理念和主张，看似平平常常，简简单单，却反映了慕校长对学校教育本质的深刻认识，对学校教育规律的把握。十年树木，百年树人。学校教育有自身的特点和规律，来不得半点浮躁，学校不能成为追求功利的经营场所。正如胡锦涛同志对广大教师所期望的，应"静下心来教书，潜下心来育人"。慕校长就是以这样的思想引导教职员工以身作则、率先垂范，并以此严格要求学生。久而久之，培养了学生良好的学习、生活习惯。在课程改革深入发展的今天，需要广大校长学习和确立符合教育规律的现代教育理念，但更重要的是要善于把这些先进理念和思想转化为广大教师的教育教学行为。我们的校长应像慕政重校长那样，善于做好教育理念的转化工作。

# 向优秀校长推荐的书

1.〔美〕韦恩·K·霍伊、塞西尔·G·米斯克尔著，范国睿主译：《教育管理学：理论·研究·实践》，教育科学出版社2007年第1版。

2. 顾明远、孟繁华主编：《国际教育新理念》，海南出版社2001年10月第一版。

3. 江苏省陶行知思想研究会等合编：《陶行知文集》，江苏人民出版社1981年8月第1版。

4. 吴非著：《不跪着教书》，华东师范大学出版社2004年10月第1版。

5. 孙孔懿著：《论教育家》，人民教育出版社2006年6月第1版。

6. 王铁军主编：《名校长名教师集体性个案研究》，江苏人民出版社2005年月第1版。

| 第四章 |

# 智慧力修炼
## —— 躬于实践炼灵气

教育的智慧是一种以儿童为指向的多方面的、复杂的关心品质。

——〔加〕马克斯·范梅南

智慧有三果：一是思虑周到，二是语言得当，三是行为公正。坚定不移的智慧是最宝贵的东西，胜过其他一切。

——〔古希腊〕德谟克里特

智慧在于人对客观世界和人生两方面的深刻理解以及透彻领悟，智慧其实就是"理解"再向前走几步到"领悟"。

——王梓坤

所谓智慧力，指的是一个人认识、把握和运用智慧的能力。与对智慧的理解一致，智慧力指向的是人们对事物的判断、辨析。显然，智慧力不同于知识的掌握。知识的掌握是对已有经验的认识与理解，而智慧力是一种体悟能力，是一个人对事物发展前瞻性的辨析和判断，并善于驾驭形势达成新目标的一种能力。智慧力也不同于智力，一个人的智力更可能是先天带来的，而智慧力则是后天培养的。在许多人的身上，智慧力并不依赖于比常人更高的智商，而智商高的聪明人未必都具有拓展创新的能力。从某种意义上来说，智慧力具有哲学的意味，它是对存在意义的不懈追问和对真理的永恒追求。

## 一、校长智慧力提升是学校内涵发展的必然抉择

### （一）智慧力表现为主动回应教育的时代命题，引领学校事业的发展方向

苏霍姆林斯基曾经说："校长领导学校，首先是教育思想的领导，其次才是行政上的领导。"校长要善于对事物进行分析和概括，并且灵活运用概括出来的结论。应力求做到使全体工作人员，从校长到看门的工人，都来实现教育思想，使全体工作人员都全神贯注实行教育思想。校长应该在对学校教育的正确认识和理解的基础上拥有自己的人生目标和事业理想。这种目标和理想不只是个人的目标和理想，而应该能够主动回应时代的召唤，回答时代提出的教育命题，并且将这个目标和理想以概括化的方式转化成学校的办学思想和教育思想，使之成为全体工作人员为之奋斗的共同愿景。

杨瑞清校长之所以能够在艰难的改革进程中，不断引领行知小学走向成功，最主要的一点取决于他拥有高远的教育人生理想，具有与时代相通的教育理念。自从走上工作岗位以后，杨瑞清就不断学习陶行知先生的教育思想，把全部精力都投入到了乡村教育改革之中，不断在学生成长和学校发展上寻找自己的研究课题。他从一开始搞"不留级实验班"，到构思"村级大教育"，探索"赏识教育"模式等，这些都不是对教育工作的简单应付，更不是时髦的教育口号，而是基于他本人对学校命运和乡村教育现状的切实感受提出来的极具个性的教育思想和理念。他不仅身体力行，而且让这些思想和理念在全校教师心中扎根，以高情感的投入和理性的自觉，使一所地处偏远的乡村小学的老师们始终与教育改革的时代脉搏保持着一致的节奏，抓住一个又一个发展机遇，获得了物质条件和社会环境的不断优化，成为了一个地区教育改革的推进力量和先进典型。

在这个过程中，杨瑞清的事业目标不断清晰、内涵不断丰富，他把学校定位为一所中国新型农村小学。这所学校有自己的价值追求：上千农家子弟健康成长的现代学校，上万农民终身学习的精神家园，众多城市学生尽情体验的乡村田园，无数有识之士热情共建的文化乐园。虽然杨瑞清曾经有过令人羡慕的从政经历，但他还是听从了自身理想的召唤，以对理想的坚守做出了属于自己也属于学校的一份事业。

一个富有智慧力的校长必然拥有感悟人生的深刻头脑，洞晓事理的聪慧心灵，体贴大度的人文关怀，澎湃沸腾的激情热血，能够在五光十色的社会文化生活中清晰地意识到自己的价值与使命，始终以一种开放的、活跃的思维态势，不断顺应时势，用自己的理想引领自己和学校前进。

## （二）智慧力表现为关心学生成长和学校发展，谋取学校的内涵提升和特色生成

虽然一个学校的发展离不开学校物质条件的改善，但物质条件的改善并不能代替其内涵发展。物质条件只是教育活动赖以存在的外部条件，应该从属于学生培养的价值追求。朱永新在他的《新教育之梦》一书中这样描述自己心目中的理想校长："理想的校长，应该是一个珍惜学校的名誉胜过爱护自己的眼睛和自己生命的校长。"的确如此，只有当一个校长像爱护自己的眼睛和自己的生命一样，时刻关注学校中的一草一木、一人一事时，他才能找到开启智慧力大门的钥匙，在不断发展的教育长河中重构自己的学校，提升自己的学校。著名教育家马克斯·范梅南就认为："教育的智慧是一种以儿童为指向的多方面的、复杂的关心品质。"① 与此相应，对于校长来说，这种关心品质是校长能够读懂学校师生的内心世界，理解他们的内心情感的重要保证。

衡量一所学校优劣的标准多种多样，但不管怎样，一所好的学校总是有着自身鲜明的办学特色和办学风格，这是一所学校的强劲的生命力和优势所在。拥有智慧力的校长不会盲目跟风，不会唯命是从，而是始终将自己的目光锁定在学生的成长和学校的发展上，在对学校个体生命的把握中，孕育办学智慧的大觉醒、大突破和大新生，从而展现自己与众不同的办学风貌。面对留级生多的现象，杨瑞清用"一颗善待每一个孩子的爱心，一颗不让一个孩子掉队的信心"，在不断学习的基础上，带领教师深入开展

---

① 〔加〕马克斯·范梅南著，李树英译：《教学机智——教育智慧的意蕴》，教育科学出版社2001年版，第12页。

"不留级实验"。面对农村学校简陋的办学条件，充分挖掘农村生活和大自然的资源，坚持课内课外一体化，把课外引导到课内来，把课内延伸到课外去，实践陶行知先生的生活教育思想。面对农村孩子学前教育的薄弱、家庭教育的缺陷，他学习陶行知的儿童教育观和周弘培养聋哑女儿的成功事例，结合多年的实践总结出了"学会赏识"的教育理念和方法，开始了"赏识教育"的实验。无论是"不留级实验"、"赏识教育"，还是采取各种方式联合办学，还是建立行知基地，他始终将自己的精力专注于学生的成长和学校的发展上，从自己的工作对象中寻求问题和问题解决的思路。宏观上，构建乡村学校大教育模式，探索乡村学校的可持续发展的规律；微观上，构建赏识教育模式，探索乡村儿童生命成长的规律。心无旁骛，一心一意。这种可贵的关心品质，一直贯穿了他的成长历程，从而保证了学校在物质条件改善的同时，也能不断提升教育的内涵和品质，逐渐呈现出现代乡村教育的办学特色和办学风格，在强校如林的江苏基础教育领域里独树一帜。

### （三）智慧力表现为凝聚人心，开发潜能，打造进取、高效的教师团队

美国著名学校领导者效率研究专家托德·维特克尔教授认为："凡是优秀的校长都很清楚这样一点，拥有优秀的教师就等于拥有了优秀的学校；反之，没有优秀的教师，学校的优秀也就无从谈起。"[1] 校长作为学校的领导者，是学校之魂。虽然不能保证学校的每个教师都是优秀教师，但是作为学校的灵魂和生命支柱，校

---

[1] 〔美〕托德·维特克尔著，黄巍等译：《优秀校长一定要做的15件事》，中国青年出版社2007年版，第19页。

长完全可以成为学校教师的鼓舞者和引路人，尊重教师的尊严和主体性，并且具有良好的尺度感、分寸感和道德直觉，以凝聚全体教师的力量和智慧，让每一个教师发现自己、挖掘自己的潜能，把个人的积极性和创造性发挥到极致。

杨瑞清曾经从自己的人生经验中琢磨出一个乡村教师的人生价值公式：人生价值＝奉献量÷获取量。用乡村教师的奉献量，除以乡村教师的获取量，可以得到一个很大的商数——乡村教师完全可以创造出崇高的人生价值。他觉得乡村教师可以不进城，可以不提拔，也可以不发财，但不可以不自信，不可以不快乐，不可以不成长。农村教师必须超越自我，关注成长。从成长的角度讲，农村学校是一方沃土，这个地方虽苦，却能激发斗志；这个地方虽穷，却能激发爱心。农村虽然封闭一点，但是受的干扰少，教学改革的环境比较宽松，农村教师要看到这个优势。他提出的"超越成功，关注成长；关注成长，走向大成功"的教师发展理念和"躬于实践，勤于读书，善于交友，精于思考，乐于动笔"的20字成长准则，团结了一批乡村教师，建立了一支在自信、快乐中不断成长的乡村教师团队。在教师队伍建设中，杨瑞清在与老师们经常谈心沟通的深层次交流中建立了共同的目标和愿景，大家一起朝着行知学校的发展方向共同努力，不断促进和提升乡村教师的自我实现。虽然学校经常会有教师要求调出去，但是他始终跟教师讲一个道理，为了能够调出去，就必须努力工作，努力学习。

"得其人则百废兴，不得其人则百弊兴"。一个富于智慧力的校长不会以学校的发展为理由来限制教师，而是竭尽全力鼓励和支持教师的个人发展。这不仅为教师的成长提供了相互理解、共同遵守的规则和清晰的期望，也给教师带来了安全感和归属感，从而保证了学校教师队伍在和谐进取的氛围中不断地成长和自我更新。

**（四）智慧力表现为善于整合各种社会力量，不断拓展学校发展道路**

任何一所学校总是处在特定的社会区域和文化背景之中，不可能脱离其服务的社会而存在。学校的发展和运作必须得到广泛的社会支持，但是这一切都不是自发产生的。一个富于智慧力的校长应该与地方行政、教育管理和科研部门、社区，甚至与其他企事业单位之间保持必要的沟通，从而为学校发展获取相应的社会支持力量。一个富于智慧力的校长就应该争取让这种力量达到最大化。

20世纪80年代末90年代初，中国社会经济的发展对农村教育提出了很高的要求，农村教育又一次成为社会关注的焦点。但当时的农村教育却普遍遭遇经费不足、设施陈旧、年轻教师不愿意留下来等现实问题。杨瑞清所在的偏僻的五里小学更不例外，这使他不能不为学校的出路担忧。

勇于探索的杨瑞清发现"依靠"只能勉强生存，要想谋得学校的发展，要想学校发展有活力根本不可能。"联合就是平等互利、你愿意我高兴的合作"，"学校要处理好和自然的关系，处理好和社区的关系"，"把自然资源、社会资源，把人的资源充分调动起来"。在他的带领下，1989年，学校跟晓庄师范联合，把学校办成了晓庄师范第二附小，建立了教师培训基地。1990年，跟乡中心幼儿园联合，开展"幼、小一体化"衔接实验，为学校保证了好的生源。1991年，跟成人教育部门联合，创办五里村农民文化技术业余学校，用以提高农村两代人的素质，赢得了农民的支持。1992年,跟经济部门联合,办校办工厂、实验农场,形成了一定规模的校办产业。1994年,与南京市中小学生科技活动基金会联合,依托学校实验农场,创办了让城市孩子体验乡村生活的"行知教育基地"。2000年,学校与村里的种莲专家丁跃生合作,建设了水生花卉种植基地"艺莲苑"。2002年,与"枣树大王"马飞联合,建设了几百亩的"百果园"。在杨瑞清的带领下,学生们经常来这里学习,他们懂得了要热爱农村、热爱家乡,要做丁跃生、马飞这样的新型农民。在联合办学的过程中,杨瑞清始终坚持让学校成为老百姓的精神家园。乡村小学要自觉履行这个职能,参与农村文化建设。

杨瑞清始终把自己的学校看作是一个重要的源泉,把孩子看成是文化的传递者。这些小天使天天往来于学校和家庭之间,起着传播文化的作用,是引领家长、促进家长成长的极其重要的一支力量,他们可以在很大程度上满足农民的精神需求。小孩子在这方面对家长的影响是潜移默化的,它比把农民拉到学校里面上课,给他们讲道理来得有效得多。他认为,提供精神食粮是我们为农民、为社区服务的最重要的内容;学校一旦成为农民的精神家园,农民的精神得到滋养之后,就会为小学教育创造非常好的环境,提供非常好的资源。让乡村的孩子们来这里学习农业科技,让城里的孩子来体验农村生活,走联合的道路为学校开辟了丰富的农村教育资源,拓展了学校的生存空间,让学校在持续提升的道路上不断向世人展现出亮丽的风景。

显然,杨瑞清的乡村教育实践已经超越了单纯办农村小学教育的思路,向我们展示了一位乡村校长深厚的乡村教育情怀和富于魅力的智慧力,为新世纪乡村小学的发展勾画出了一幅美好的未来图景。

校长智慧力提升的过程意味着校长的成长。没有既定的成长就不可能有智慧力的真正提升，反过来，没有一定的智慧力也就没有校长的真正成长。校长智慧力的提升需要社会文化环境的支持，更需要校长具有勇于追求的人格精神和富于活力的生命力量。

## 二、智慧力：源自校长的潜心修炼

### （一）智慧力修炼之一：树立远大抱负

理想是产生智慧和奇迹的源泉。我们只有把握时代发展的脉搏，顺应历史发展的潮流，才能推动学校健康成长、发展壮大。高远宏阔的事业理想和人生抱负不是凭空产生的，而是源于校长对古今中外教育名著、教育大师的理念的学习、领会与掌握。朱永新教授就认为，系统地接受教育理念熏陶是非常重要的，他说："一个没有系统接受人类历史上教育思想财富的人，他不可能有博大的教育情怀，不可能有远大的教育理想。"[1] 只有校长以海纳百川的宽广胸怀，兼收并蓄古今中外各派的教育思想养料，多谋善断，才能登高望远，高屋建瓴，找到智慧力提升的"催化剂"，在理想中追寻教育的本真意义。

校长不仅要管理好一个学校，更要发展好一个学校。一个校长必然是一个现实主义者，在自己可以把握的领域里脚踏实地，一步一个脚印；一个好的校长也必然是一个理想主义者，自信可以"水击三千里"，以承担天下责任为己任。我们如果不满足于学校

---

[1] 朱永新著：《我的教育理想》，南京师范大学出版社2000年11月第1版，第43页。

已有的"顶点"的辉煌，就应该在任何时候、任何情况下用理智与智慧保持清醒的意识和自尊的理性，自爱而不自恋，纵观社会发展的趋势，预见与社会发展趋势相应的教育发展趋势，审时度势，适应人才培养的时代变化，又具有超前的办学思想，适时地把握已经散发出的灿烂光芒，重新积累元气，不断重建学校发展的新目标。只有这样才能进退合度，再造事业追求的新天地。如果说，攀登学校发展"顶点"的勇力，表现出的是生存智慧的高超，那么再造学校新路的勇力，则表现着创新智慧的卓越。

上海市建平中学从1985年开始，在冯恩洪校长的带领下，进行教育教学体制改革，创造了著名的"建平模式"，受到国家教委的肯定："建平为21世纪我国中学教育提供了一个可资借鉴的模式。"到了著名语文特级教师程红兵担任校长时，程校长并没有故步自封、停滞不前，而是对学校20多年来的历史进行了梳理，从建平的办学历史中寻找建平的根性文化，总结了冯恩洪校长在任时期学校发展经历的两个阶段：第一个阶段，环境建设与教学工具的革新；第二个阶段，教育理念更新与管理制度建设。在继承学校的优良传统的同时，他从时代的高度提出了学校第三个阶段的发展战略：建设现代学校文化，增强学校的文化个性和特色，树立学校的品牌。他从学校所处的海派文化沃土出发，广泛吸纳海派文化的精华，进一步丰富和拓展学校文化的内涵，增强建平文化的包容性和开放性，从科学性、民主性、文化性等角度建立了学校自主发展的机制，推动了学校管理文化和课程文化的重构，建立了现代学校的管理模式和培养模式，将学校事业的发展推向了新的境界。程红兵校长以文化领导学校的尝试与努力，以继承前人的谦逊和超越前人的气魄为建平学校的发展找到了新的增长点，充分展示了一个当代校长与时俱进的领导智慧。

上海市教育学会会长张民生同志在一次校长论坛上曾经强调，我国的校长要以大气成大器，明大事成大师。可以说这是为校长的智慧力修炼指明了方向。校长应该自觉地担负起历史赋予的责任，深刻地认识历史发展的轨迹，以自己的发展促进学校的发展，在历史发展中留下自己的足迹。

当然，我们也应清醒地看到，办学不同于办企业，校长面对的不是市场争胜，而是关系全校师生员工发展的学校各项管理机制的逐步改进和教育教学的改革。如果忘记了学校教书育人的本分，好高骛远或是只关注一些外在浮华，必然事与愿违，把自己的学校导向危险的境地。

### （二）智慧力修炼之二：培育真爱情怀

著名教育家保罗·弗雷勒认为："教师——同时也是学习者——工作，既有趣又严格。它要求严肃性，以及科学的、物质的、情感的准备。它是这样一种工作，要求那些从事教育活动的人培养特定的爱，不仅爱他人，更要爱教学所包含的过程。没有爱的勇气，没有不轻言放弃的勇气，就不可能有教育。简言之，没有长期培养的新鲜而深思熟虑的爱，是不可能做好教育工作的。"①我们必须敢于去爱，才能永远不把对学校的认识和情感对立起来。我们必须敢于去爱，才能在我们熟知的条件下，真正走进教师和学生的内心。我们必须敢于去爱，才能对我们天天面对的思想的"官僚化"说"不"。由于历史传统造就了某些人的集体"无意识"，也由于长期以来人们对个体生命现象缺乏应有的关注，以至

---

① 〔巴西〕保罗·弗雷勒著，熊婴、刘思云译：《十封信——写给胆敢教书的人》，江苏人民出版社2006年版，第6页。

于从某种意义上来说，有不少校长在对社会"潮流性"现象的盲从中失去了自己的"主心骨"，不能发现"自己"的学校。对于校长来说，没有"捧出一颗心来，不带半根草去"的博大情怀，他就失去了教育者最重要的品质——失去感受孩子精神世界的能力，就会截断通向孩子心灵的道路，无从把握学校之舟的正确航向。真爱唤醒智慧，校长应该与孩子真正接触。如果校长能够真切地感受学生的心灵，感受学生的幸福与烦恼，就会有一种切肤之痛，内心就会有一种时代责任感，驱使他去作艰苦、持久的探索……没有真切的感受，便不可能有真正优秀学校的产生。

20世纪90年代，还在张家港市第一中学担任校长的高万祥，就是在这种关爱中"追求真理的科学情怀，形成了批判应试教育，狠抓素质教育的坚定信念"。他反对"不顾学生死活，一味抓分数"，努力把校园建设成为学生身心健康成长的幸福乐园。校长不能脱离社会文化环境与学校实际完全随心所欲地生活，但是，在同样的社会文化环境中，一个校长对教育、对学校、对学生、对教师的真爱，必然能促进自身主体意识的觉醒，从而使其发现"自我"，在纷繁芜杂的日常事务中找到学校发展的关键所在，切中学校发展脉搏，提炼、推导出与众不同、独一无二的学校发展改革思路和策略，把握智慧力提升的有利时机，在日常事务中走出个性化的办学道路，将美好的教育蓝图逐步变成学校美好的现实。

### （三）智慧力修炼之三：陶养浩然正气

教师这个群体，一般有着重学识、理智和人品，轻粗野、愚昧和权势的心理特点。他们从事工作有其独到的认识和方法。因此，依靠行政赋予校长的权力和制定的各项管理制度硬性地"驱使"、"强迫"教师去遵守和执行既定要求，往往会挫伤他们的自尊，破坏其自律。不仅如此，我们还应该看到，在当前充满竞争压力的生存环境里，这很有可能导致校长在管理学校的过程中造成自身的价值缺失。当前有不少校长抵制不住名利的诱惑，成为金钱和享受的奴隶，精神境界降低了，人品人格失落了。这必然会导致教师人心离散，工作虚与委蛇，应付差事，直接导致育人工作的低效。

自古以来，仁人志士都崇尚浩然正气，教师当然更不例外。《大学》有云："国不以利为利，以义为利也。"[①] 这句话用于学校非常合适。学校的发展固然离不开物质条件的支撑，更离不开正义和崇高的文化力量。学校的兴盛，也是正义的兴盛。一个学校有什么样的文化，就会有什么样的团队。有什么样的领导就会带出什么样的教师团队。一个校长如果没有浩然正气，就很难抵御物欲和声色的诱惑，就无法在现实的、繁重的日常教育生活中保持冷静和克制，远离浮躁，宁静致远。

校长应该保持自身人格的健全与独立，做一个真抓实干的人，脚踏实地，兢兢业业，不弄虚作假，对是非、美丑要有一种坦荡和鲜明的态度，诚实守信，重礼节，守信用，说实话，办实事，不圆滑，不投机，不推诿。要做到这一点，校长必须坚持对学校进行科学和民主的管理，必须有一整套明确的管理制度，使学校工作有章可循。同时，还要给师生提供参与学校管理的机会，要让师生参与学校重大问题和各级管理工作的研究和讨论，充分调动师生的积极性，发挥集体的智慧，促进民主、公正管理风气的形成。孔子曰："其身正，不令而行。其身不正，虽令不从。"[②] 校长的良好

---

① 朱熹著：《四书章句集注》，岳麓书社2008年版，第19页。
② 同上注，第195页。

作风、豁达气度、得体仪表，是一所学校校风、教风、学风的象征。具有公正、踏实、勤奋的工作态度和平易近人、民主的工作作风的校长容易产生感召力，也易为教师所悦纳，同时也为自身智慧力的提升营造出和谐融洽的文化氛围。

### （四）智慧力修炼之四：精修谦卑品格

我国古代的道家特别推崇水的品格，认为水最接近于"道"："上善若水。水善利万物而不争，处众人之所恶，故几于道。"① 意思是，合于道体的人，就如同水一样。水是善利万物却又不会与物相争的。水乐于停留在大家所厌恶的卑下的地方，所以最接近于"道"。作为校长，我们应该乐于放下身价，与教职员工站在一个平台上，正确认识自身的不足，依靠品德而不是权力，依靠威信而不是权术，依靠以身作则而不是权谋驱动，让权力在阳光下运行，民主决策，敢于批评和自我批评，勇于纠正错误，主动承担责任，不居功，不诿过，才能在不足中求精进，在缺憾中求创新，团结和带领团队积极进取，阔步向前。

学校的发展依赖于教师的成长。古人云："海不辞滴水，故能成其大；山不辞土石，故能成其高；明主不厌人，故能成其众。"② 好教师是培养出来的。校长要吸引、使用人才，需要慧眼，更需要宽广的胸怀。校长应致力于给教师创造舞台，在任用人才中培养人才。成功教育模式的创立者、上海市闸北八中校长刘京海就认为，校长和学校的领导要相信教师，不相信教师就管不好学校。当有人问学校老师的情况时，刘京海总是说这个老师有什么长处，

---

① 杨义著：《老子评注》，岳麓书社2007年版，第22页。
② 谢浩范、朱迎平著：《管子全译》，贵州人民出版社2009年版，第600页。

那个老师有什么优点，从来不怪这个、怨那个。他不仅自己这样看老师，而且还在老师中开展"超越自我，争当成功明星"的自我发展活动，引导老师发现自己的优点和缺点，用发展的眼光看自己，看别人，以促进教师主体的自我发展。此外，他还十分注意通过备课、教研活动、课堂教学、师徒结队、课题研究、节假日培训等途径提高教师的水平，发现教师的长处，使用他们的长处，开掘他们的长处，以促进教师潜能的有效发挥。

《中庸》中说："天地之道，博也，厚也，高也，明也，悠也，久也。……载华岳而不重，振河海而不泄，万物载焉。"[①] 意思是天地的道，广博、深厚、高大、光明、悠远、久长。负载着华山不觉得沉重，收拢着江河湖海而不会泄漏，世界上的万物它都能承载得起。校长就应该具有这种厚德载物、负重拼搏的谦卑品格，海纳百川，有容乃大，感召、吸引和团结、凝聚各种人才，集聚智慧，提升团队效能，尽可能地获取全体教师和各种社会组织的支持和帮助，成就伟大事业。

### （五）智慧力修炼之五：开阔文化视野

校长要成为学校真正的领导者，就要成为教育的专家，掌握深厚的专业理论功底，熟悉教育学和管理学；就得办学思想明确，懂得教育规律和人才成长规律，并自觉地按规律的要求，组织、管理和指导学校的各项工作。

智慧力的根源就是一个民族的经验的凝聚。为了获取智慧，我们就必须保存、探索与开发文化哲学传统。作为一个优秀的校长，一定要在汲取现代文明的科学精神、民主精神、讲求实证精神的

---

① 朱熹著：《四书章句集注》，岳麓书社2008年版，第50页。

基础上，重视中华优秀传统文化的学习，从中汲取营养，学会思考和拿来，与伟大的文化传统一起赶路、一起进步、一起发展，保持传统文化的新鲜活力，在新的历史条件下，将其以新的形式和更丰富的内涵发扬光大，并使其拥有最具时代精神的现实价值，使之最大限度地发挥对现实的正向驱策力。只有学习历史，才能成为时代精神的代言人，才能了解历史的发展轨迹，才能透过现实的种种表象而深刻地理解现实，感受时代的召唤，预见学校的未来发展。

苏联著名教育家苏霍姆林斯基就是通过广泛的阅读，不断拓展自己的知识文化视野，并且不断把这些知识转化为智慧的力量，成就了自己一生的事业。阅读教育专著和文化名著是提升校长智慧力的最便捷的方式，是帮助自我发展的有效途径。校长要学会学习和读书，在博览群书中思考、积累，丰富自己的知识和思想，拓宽文化视野，提高思想的高度，加强思维的深度和广度。惟其如此，校长才能远离平庸和浮躁，真正成长起来，成为师生心理健康的维护者、精神生活的指导者，才能让学校和教师的管理更有效，教育更成功、更有智慧，更加人性化。

校长的智慧力修炼不仅要有专才，而且还要拥有全面的知识和文化，才能解决学校面临的大问题。这种"专"不是孤立的，而是在自身及相关学术知识层面丰富多样的联系中，异常活跃、异常敏感、极易触发科学灵感的"专"。这种"博"不是无目的的博，这样才能在博览广闻的搜寻中，明确学习的方向，收获不可思议的聚变效应，取得突破式的进展。

**（六）智慧力修炼之六：躬于实践反省**

校长必须处理好学习知识与实践运用的关系。有的校长往往只重视读书学习，而忽视了实践运用，最终将自己读成了"两脚书橱"，所学知识只能成为进行自我炫耀的摆设。要具有智慧力，还必须进行实践的磨炼。我们要改变单纯埋头钻书本、从理论到理论的学习方式，应树立正确的学习观与实践观，不仅要广泛学习各类文化知识理论，而且要积极地把所学得的理论知识运用到领导工作的实践中去，在实践中进行学习和研究，加深理解，促进升华，以真正实现知识理论向智慧力的内在转化。

周国平先生曾经有过一段精辟的论述，"知识关乎事物，智慧关乎人生。……知识可以传授，智慧无法转让"[①]。知识是死的，智慧是活的。知识描述现象，智慧体察本质。知识是部分、零碎，智慧是极大、极深；知识指向过去，智慧导向未来。知识是既定性，智慧是可能性。智慧力不只是纯理论性的，它具有实用方法性和实践规范性，具有强烈的指导与实践意涵。校长成长的过程也是校长以发现问题、解决问题为中心的学习过程。校长在办学中遇到的问题会有共性的一面，但也都有其独特的一面。因而，这一以解决问题为中心的学习过程也一定是独特的，它需要校长发挥自身的智慧力。我们必须把理论看成是活用的方法，才能精益求精，发展理论，批判旧论，创造新知。

这个过程是一个"融化"的过程。所谓"融化"，就是活的探索、活的发现、活的思考、活的应用。校长是做出来的，希望成为有智慧力的校长，就应该一步一步，用坚韧不拔的意志，用高远的理想引领自己的行动，认真地把自己做出来。这是儒家"反求诸己"的主张，也是"自己负起完全责任"的具体表现。

这个过程是一个坚持的过程。实践经验对于校长来讲，是书本

---

① 周国平著：《诗人哲学家》，上海人民出版社2005年版，第1页。

上很难学到的,别人很难教会的学问。实践经验具有理论知识所取代不了的作用。实践经验的丰富,可以使人变得果断、沉稳,在面对一些突发问题时,校长能处变不惊,急中生智,并能产生富有实效的解决问题和处理问题的办法。要获得丰富的经验,就必须坚持。杨瑞清校长有近30年的乡村教育实践,其间学校的生存和发展不知经历了多少的困难,但是他用理想坚持自己,用行动去超越自己,不断地为学校迎来柳暗花明,在把握时代提供的机遇中,又创造了一个个机遇。他认为"一心坚持,使我找到了人生的立足点。这个立足点实际是生命的根基,把这个根基扎在事业上面,就会获得源源不断的力量,获得源源不断的滋养"[①]。如果没有了在校长实践岗位上的坚持实践,杨瑞清可能会在其他领域取得成功,但他绝对不可能在乡村教育的事业中收获成功,在中国当代乡村教育史上创造出自己的人生价值。

这个过程又是一个不断反观自省、自我完善、自我超越的过程。歌德说:"当出类拔萃的理想追求达到一定的境界的时候,人的思维往往会趋向朴素、真挚的回归,唤起一种自查式的清醒,一种自觉的检索。既能从主观的境界里跳出来,又不失主体,又能从客观的角度反观自身,不受主观偏见的约束,从而获得个体活动的最大自由度。"同样,还是杨瑞清,他曾经给乡村教师制定了"躬于实践,勤于读书,善于交友,精于思考,乐于动笔"的20字成长准则。这条准则把实践、学习与反思紧密地联系在了一起。他不仅用这条准则引导教师成长,也用这条准则,不断记录下自己对教育、教学、学校管理以及人生实践的反省和思考,写下了20多万字的《走在行知路上》,全面而生动地呈现了自己的

---

① 杨瑞清著:《走在行知路上》,高等教育出版社2004年版,第215页。

办学智慧。

总之，只有通过坚持不断的实践和反省，我们才能重塑心性行为，引导智慧力生成的方向，调整优化工作的思路和策略，在事业理想与工作现实之间不断寻求平衡，不断提高自己适应与超越的能力，走出一条学校办学水平提升和人生事业发展的道路。

## 案例及评析

### 走在行知路上

20世纪80年代，江苏省江浦县建设乡五里村小学（现江苏省南京市浦口区行知小学），与当时许多乡村小学一样，教学设施破旧，只有七八个老师。农民嫌学校教学质量不好，纷纷舍近求远把孩子转到别的学校读书。然而，当从晓庄师范学校毕业的杨瑞清到来之后，这所学校发生了翻天覆地的变化。

1981年，走上工作岗位的杨瑞清怀抱着"人生为一大事来，做一大事去"的理想，诚心诚意跟农民交朋友。为了解决学生失学的问题，他走村串户。学生不来上学，他想到了陶行知先生"来者不拒，不来者送上门去"的教导，坚持一个多月上门教功课。凭着苦干和实干，他获得了农民的认可，得到了村党支部的支持，杨瑞清任教的一年级也被命名为行知实验班。在他的影响下，1982年至1984年，当地农民自愿集资易地新建学校。

五里小学的变化引起了县有关部门的关注。1983年春天，杨瑞清被任命为团县委副书记。但是，同年7月份，杨瑞清却做出了被人认为是"傻事"的决定——他毅然辞去职务，回到五里小学继续担任小学老师，办行知实验班。面对农村学校的简陋，他以陶行知的"生活教育"思想为指导，充分挖掘农村教育资源，组织学生开展小种植、小饲养、小观察、小实验等活动，把课外引进到课内，课内延伸到课外，课内课外一体化，提高了孩子们的学习兴趣。同年11月，陶行知先生的学生来学校看望实验班。这一年年底，杨瑞清接受为农民办扫盲班的任务，在教农民识字的同时组织丰富的文化生活，发动小学生当小老师，扫盲教育成效显著。1984年11月，在南京出席联合国教科文组织亚太地区普及教育和扫盲规划研讨会的官员来校考察。1985年1月，由于行知实验班学生的影响、农民的支持、联合国教科文组织考察等带来的综合效应，江浦县教育局将五里小学更名为行知小学，杨瑞清担任校长。1986年，行知实验班学生毕业，杨瑞清向教育局提交不留级实验报告，总结了自己在不留级的前提下，让学生学得更扎实、学得更快乐的教学经验，并且概括出"不让一个孩子失学，不让一个孩子留级"的办学理念。

1987年，杨瑞清考取了南京师范大学函授班，他向同学请教学校发展和不留级实验问题，明确了继承和发展陶行知教育思想，办有特色、高质量农村小学的发展目标。在学习过程中，他不断为不留级实验寻找理论依据，设计出了"弘扬主体，扬长补短，耐心等待，促进迁移"的实验思路。1988年，杨瑞清完成函授毕业论文《在义务教育阶段实行不留级制度研究》。1989年10月，为了让教师能够更好地对待乡村教育，安下心来更好地做农村教育工作，杨瑞清与晓庄师范学校签订合作协议，使学校成为晓庄师范第二附属小学，为晓庄师范的学生提供实习、见习场所，提供教育科研基地；反过来晓庄师范为学校培训教师，推荐师范生，进行业务指导。在这个过程中，他悟出了"超越成功，关注成长；

关注成长，走向大成功"的教师发展理念，制订了"躬于实践，勤于读书，善于交友，精于思考，乐于动笔"的20字成长准则，并且将这种意识落实到行动上，与老师们形成了共同认可的学校发展目标，认准了学校将来有什么样的作为，认准了教师将来要成为什么样的人。这样一来学校队伍流动得快，成长也快，而且成长速度大于流动的速度，解决了学校的队伍问题。

1994年，在南京市关心下一代工作委员会和南京市中小学科技活动基金会的支持和帮助下，杨瑞清利用学校的实验农场创立行知基地，开始接待城市学生来这里体验乡村生活。在接待活动中，学校教师在与优秀学校的校长、教师打交道的过程中得到了锻炼，教师的素质得以大幅度提高，农村孩子也在与城市学生的交流中开阔了眼界，为教育提供了很多的机会，行知小学进入可持续发展的状态。

1995年1月10日，五里小学更名为行知小学10周年纪念日，学校邀请江苏省陶行知研究会，南京师范大学、晓庄师范的一批专家、学者开设校庆座谈会，回顾学校历史，总结出了"以村办小学和它所联系的社区为实施单位，以小学教育为中心环节，以社区成员为教育主体，以联合为运行机制，以农村教育的现代化为根本目标"的"村级大教育"的学校发展模式。

1995年5月，一直寻思用什么办法来教好农民的孩子的杨瑞清，听了周弘老师的讲座后，为周弘老师把自己的聋哑女儿培养成为大学生的事迹所感动。在与周弘等人进行了多次研讨后，他的儿童教育思想被激活，开始了赏识教育实验。他引导老师和学生学会赏识，学会爱。在学校和班级开展优点分享，让学生成为心灵的主人；实施全员管理，让学生成为集体的主人；引导自主选择，让学生成为学习的主人，形成了赏识教育的一系列操作要领和细节。

2000年，杨瑞清凭借卓越的办学业绩成为全国优秀教师、师德标兵。同年，学校启动了现代化校舍建设工程；2002年，实施国家级课题研究工程；2003年，实施南京市示范小学创建工程；2004年，实施南京市实验小学创建工程；2005年，实施江苏省实验小学创建工程，同年成为全国对外汉语推广基地唯一的乡村小学，从此每年有上千外国学生来这里接受中华文化的濡染；2007年，学校被授予全国青少年校外活动示范基地称号。

## | 案例评析 |

上面这则案例，不仅给我们勾画出了一所薄弱乡村小学走向辉煌的发展历程，也为我们进一步理解校长智慧力的内涵，把握智慧力与学校发展的内在联系提供了生动的阐释依据。学校的日常事务纷繁芜杂，但对于校长来说，应该驾繁驭简，明确工作的主要方向，让一切事务的开展都紧密围绕并服务于学校发展和教书育人的伟大事业，这是校长智慧力的首要方面。对于校长来说，智慧力不是单纯的技能或技巧，不是与生俱来的先天禀赋，不是虚情假意的造作，不是日常生活中的小聪明、小伎俩，不是攫取身外之物，包括金钱、名誉、地位等，而是为学校发展而表现出来的富于颖悟、善于领先、勇于超越的一种人生境界。五里行知小学发展的历程，不仅表现了杨瑞清校长学"陶"师"陶"、执著追求的情怀，而且体现了他善于学习、善于思考、善于利用校外资源促进学校发展的大智慧。

## 向优秀校长推荐的书

1. 杨瑞清著：《走在行知路上》，高等教育出版社2004年版。

2. 朱永新主编：《中国著名校长办学思想录》，江苏教育出版社2001年版。

3. 刘铁芳著：《给教育一点形上的关怀》，华东师范大学出版社2008年版。

4. 李希贵著：《为了自由呼吸的教育》，高等教育出版社2005年版。

5. 陈玉琨著：《一流学校的建设》，华东师范大学出版社2008年版。

6.〔美〕托德·维特克尔著：《优秀校长一定要做的15件事》，中国青年出版社2007年版。

| 第五章 |

# 合作力修炼
## ——上善若水聚人气

学会共同生活,学会与他人一起生活。

教育的使命是教学生懂得人类的多样性,同时还要教他们认识地球上的所有人间具有相似性又是相互依存的。

——联合国教科文组织:《教育——财富蕴藏其中》

人历来是学校教育的资源之一,但通过人与人之间的合作扩展教育的力量,这只是最近才被发现的事情。

——〔美〕斯莱文

教师是教育过程中的主要力量,是决定教育改革成败与否的关键。

——联合国教科文组织:《教育——财富蕴藏其中》

一位好校长,带领一批好教师,就能办出一所好学校。

——李岚清

教师安,则学校安;
教师优,则学校优;
教师强,则学校强。

——王　湛

## 一、校长的光荣在于成就教师

众所周知,百年大计,教育为本;教育大计,教师为本。要有高质量的教育,必须有高质量的教师;有高质量的教师,才可能有高质量的教育。办好学校,校长是关键,教师是基础。

原教育部副部长王湛同志在江苏省陶行知研究会第五届会员代表大会的报告中讲道:"教师安,则学校安;教师优,则学校优;教师强,则学校强。"苏霍姆林斯基关于教师队伍建设有许多精辟的论述。他认为,教师不仅仅是知识的传授者,而且是塑造一代新人的"雕塑家"。他曾对教师说:"应当记住,你们不仅仅是活的知识宝库,不仅仅是一名教学专家,你们是塑造一代新人的雕塑家,是不同于其他雕塑家的特殊雕塑家。教育人,造就真正的人,就是你们的职业。"[①] 他特别强调教师要成为"教育者"的必要,"只有首先成为一个优秀的教育者,才有可能成为一个优秀的任课教师,不发挥教育的职能,教师的全部技能和全部知识就会是一堆死学问"。教师必须德才兼备,才可能对学生的全面发展起决定性的作用,"受教育者是教育者的一面镜子"。这就是说,教师不仅是教师,而且是人师;不仅是"人之师",而且是"人之表"。苏霍姆斯基还提出了教师六个方面的素养要求等等。这些论述对于今天的教师管理工作仍然具有现实的借鉴作用。

有远见卓识的校长,深深懂得教师对学校发展、学生发展的重

---

① 湖南教育编辑部编:《苏霍姆林斯基教育思想概述》,湖南教育出版社1983年9月第1版,第162—163页。

要性，无不把教师队伍建设放在最重要的位置，把教师看作是学校的第一资源，重视提高教师队伍的整体素质和专业化水平。江苏省如东县南黄海之滨，有一所从前名不见经传的农村高级中学——栟茶中学。该校在姚止平校长的引领下，坚持平民教育的指导思想和精致教育的办学策略，教育质量得到很大提高，成为省内外知名的学校。针对农村学校教师队伍的现状，姚止平认为，提高教育质量，办农民满意的学校，必须着力提高教师整体水平，坚持团结协作。他借用体育界的一句名言，"不求拥有一流球星，但求拥有一流球队"，以此作为栟茶中学教师队伍建设的核心理念。学校的基本做法是，坚持文化立身，引导教师成为教育科研的志愿兵。学校致力于：用文化涵养教育，不急功近利；用文化提升教师，着力厚实教育的文化功底、人文底蕴；让教师用反思与研究的眼光审视日常教育教学工作，让反思实践、研究实践成为教师专业成长的助推器。学校要求教师结合教学工作实际，开展以课题为抓手的科研活动。教育科研课题要到课堂教学中选，研究要到课堂教学中去做，答案要到课堂教学中去找。同时要求教师做到"五个一"，即确立一个课题，开展一项研究，积累一套资料，撰写一篇文章，上一堂好课。经过坚持不懈的努力，栟茶中学教师整体素质与水平有了很大提高，为学校的腾飞奠定了比较坚实的基础。

镇江市中山路小学也是一所知名学校。该校老校长、特级教师薛翠娣的道德领导思想在省内外具有一定影响力。薛翠娣特别看重教师的素质，她认为好教师首先是做人，然后才是教育教学能力，所以，她特别重视师德的培养。她要求教师要强化服务意识，在对待学生上要"蹲得下身，弯得下腰，静得下心"，鼓励教师树立三个形象，即"敬业形象、亲善形象、楷模形象"，并通过评比学校师德标兵来落实学校的服务意识。从1999年开始，每年评一次学校师德标兵，这在学校是最高荣誉。方法是无记名投票，每年的评比结果有重复的，也有不重复的。每次评比结果都张榜公布，公布仪式相当隆重。其目标就是："先进的人员让大家都知道。"中山路小学在教师业务能力培养上也是不遗余力的。青年教师组成各种研究小组，学校聘请专家常年指导各小组的教学研究活动，薛翠娣更是经常进课堂听课，帮助、指导青年教师进行教学研究。为了让读书支持教师的灵魂，提高教师的综合素养，薛翠娣发起了"教师藏书运动"，成为她打造"书香校园"、建立学习型学校的一个重要举措。她说："教师应该要有底蕴。我应该做些什么呢？孩子有了图书馆，教师呢？于是，我建立了一个5年不变的制度：每年每个教师要买400元的书，其中学校出300元，个人出100元。让教师有一定的藏书量，并组织读书交流。现在，社会还是比较浮躁的，通过让教师读书，使他们多吸收些东西，能静下心来教育学生，通过教师的行为来影响学生。"

为了拓展教师的视野，薛翠娣在"请进来，送出去"方面的做法是有魄力的。一方面，她每年不定期地邀请各高校的教育理论专家来校指导科研和教学，还邀请全国各地多名著名特级教师到中山路小学现场上课，一年一度的"名特优课汇中山"活动已经成为中山路小学乃至镇江市小学界了解和辐射全国小学教育的一个重要窗口。另一方面，中山路小学在扎实细致地进行校本培训的同时，积极地派送教师外出接受培训。值得一提的是，该校最近几年每年送教师出去培训的经费都超过了20万元，最高一年达到28万元，几年加起来超过了100万元。而与此形成鲜明对照的是，该校每年的招待费只有1万多元，不到培训费的二十分之一。薛翠娣认为，"钱花在教师身上，是值得的"。薛翠娣在教师培养方面做了许多工作，目的就是希望教师能够实现"六个解放"，即"解放眼睛看形势"、"解放头脑敢为先"、"解放双手去开辟"、"解放嘴巴多质疑"、"解放空间觅粮食（知识）"、"解放时间寻乐趣"，让教师成为真正的育人者、研究者。

近几年，中山路小学的教师迅速成长，涌现出了一批有一定影响的青年教师。

栟茶中学与中山路小学的案例，充分说明"一位好校长，带领一批好教师，就能办出一所好学校"。这也是许许多多成功学校共同的经验。"教师是教育过程的主要力量，是决定教育改革成败与否的关键。"

温家宝总理在多次报告中指出，在提高教师整体素质和水平的同时，还必须造就一批专家型教师，造就一大批教育家。2003年，在考察北京市第二实验小学时，他说："要办一流学校，就要有一流的教师队伍，有一批出色的教育家。"2006年温家宝总理在中南海主持召开教育工作座谈会时又强调，"中国需要建设一支规模宏大、素质优良的教师队伍，造就一批教育家"。2007年3月5日，在第十届全国人民代表大会五次会议上所作的政府工作报告中，他又指出，"让教育成为全社会最受尊重的事业，就是要培养大批优秀的教师；就是要提倡教育家办学，鼓励更多的优秀青年终身做教育工作者"。这些论述都提出了造就教育家的命题。

我国教育事业发展，需要不同层次的教育人才，既需要一支素质优良的教师队伍，又需要一批杰出的教育家，需要一个专家型的名教师群体。在企业文化中通常有五大要素，即环境、价值观、英雄、习俗与仪式、文化网络。英雄是企业文化的重要组成部分。价值观是企业文化的灵魂与核心，而英雄则是企业价值观的化身，是组织的缩影，是企业文化的代表性人物。企业文化把英雄分为共生英雄与情势英雄两种。所谓共生英雄是指与企业一同诞生的英雄，他们是企业的奠基者和创始人；情势英雄则是企业发展过程中精心造就的逐步成长起来的英雄。前者为全体员工开辟道路，照亮征程；后者却以他们日常工作中成功的事例鼓舞着员工。学校组织同样如此，需要自己的共生英雄和情势英雄，那就是名师、名校长。

名师、名校长都是学校组织的英雄。他们有自己独树一帜的教育教学思想，有突出的教育教学业绩和丰硕的教育教学研究成果，有许多感人的教育故事。他们对教育理想、教育信念执著追求，对教育工作全身心投入、锐意改革并有充满人情味的教育关怀；他们对教育事业作出了突出的贡献，在平凡的岗位上作出了不平凡的业绩。他们就是教育战线上的英雄。名师、名校长在学校组织文化中处于中心位置，对学校组织文化的形成和强化起着重要的作用。名师、名校长是师生员工敬仰和学习的榜样，是振奋人心、鼓舞士气的导师，是学校共同体的引领者。他们是一所学校，以至一个地区教育的象征和形象，是一面旗帜、一个标杆。

教师的职业生存状态可分为生存型、享受型和发展型三类。生存型教师是指仅仅把教育工作作为谋生手段，把教育工作看作是知识的搬运，满堂灌输，机械训练，按部就班，重复劳动，"做一天和尚撞一天钟"，甚至把从事教育工作看作是无可奈何的选择。享受型教师则把教育工作这一职业看作是一种事业，看作是生命的组成部分，是生命的延续和发展，能真正做到"捧着一颗心来，不带半根草去"。他们辛勤耕耘，默默奉献，任劳任怨，把"整个心灵献给儿童"。他们把从事教育工作视为一种享受、一种乐趣，把学生成长看作是教师最大的快乐。正如著名特级教师于漪所说，"用生命唱歌，用生命实践"。发展型教师也称为反思型教师、研究型教师。他们认为,教师不是蜡烛,照亮别人,毁灭自己,而是在培育学生,在促进学生发展的过程中达到自我实现、自我完善、自我发展。发展型教师有自我发展的意识和成就欲望,敢于自我超越,持续不断地提出发展的愿景与目标;能够系统思考、总结自身的教育教学过程,对教育教学经验加以理性的反思,使之上升为规律性的认识,成为可操作的理论知识。他们有强烈的科研意识,把科研作为自己的内在需求,以至成为一种工作、生活方式,并从中小学校教育科研的特点出发,针对教育教学工作的问题开展校本研究和行动研究,使研究成果不断转化为教育教学行为。他们勇于走自己的路,坚持不懈地进行教育教学改革与实验,逐步形成自己独特的教育教学流派和教育教学风格。名师既是享受型教师,又是发展型、反思型、研究型教师。他们是广大教师为之奋斗追求的目标。在学校管理工作中,校长就要理直气壮、大张旗鼓地宣传享受型、发展型教师,要敢于打造学校英雄文化,宣传名师的教育事迹,引导广大教师向名师学习,以名师为榜样,向成为名师的愿景目标不懈地努力。

常熟市实验小学是江苏省知名学校。该校薄俊生校长注重打造学校英雄文化,他认为,学校文化造就了学校英雄,学校英雄又创造了学校文化。学校英雄创造的学校文化,是学校核心的价值观。为了造就更多的英雄,也为了培育优秀的学校文化,该校组织开展了"造就学校英雄"活动,举行爱心故事评选,学校为老师颁发"爱心故事"奖、"十佳故事"奖,请青年教师满怀激情地演讲爱心故事,爱心故事的主角还登上讲台,用他们朴实的话语让全体教师受到心灵的震撼。学校每年举行一次"感动实小"年度人物评选,将各年级组推荐出来的优秀教师的事迹上传到网上,组织大家投票,并隆重举行"感动实小"年度人物颁奖大会和事迹报告会。支彩琴老师在事迹报告中说出了这样一段催人奋进的话语:"你选择了实小,就等于选择了勤奋。你选择了实小,就等于选择了拼搏。你选择了实小,也就等于选择了一定要成功。你选择了实小,就意味着你要追求卓越。这就是实小人的神圣使命。"在常熟市实验小学250多名教师中,近些年来受到国家、省、市、县各级各类表彰的就有120多名。学校英雄群体已经形成。我们广大校长应当向薄俊生校长学习,学习他在教师队伍建设中的宽广的视野、博大的胸襟和高超的管理智慧,打造学校英雄文化,以便让更多更好的教育人才脱颖而出,让广大教师在平凡的岗位上作出不平凡的业绩,享受成功的快乐,享受幸福的教育人生。

## 二、校长使命:打造学校共同体

校长是学校的灵魂,是办学方向之魂、办学思想之魂、学校文化之魂,又是学校集体之魂。现代校长的角色之一,是学校集体的组织者。学校集体形态从属于社会形态,是作为社会大系统而存在的一个子系统。它是通过一定教育组织关系而结成的共同活动的群体,是有一定目标、各组织成员心理上团结一致的集合体,是学校成员学习、工作的基本单位。学校集体区别于学校非正式团体的重要特点之一,就是有一定的组织机构和领导人员。组织机构尤其是学校领导者是学校集体的"灵魂",没有组织机构和学校领导者及其组织作用,就不成其为集体。校长作为领导者,在学校集体中处于主导地位。他的使命及职责,就是对学校集体实施有效的领导。要发挥强有力的组织作用,校长就要根据学校内、外部条件，需要与可能，制定学校组织的目标与决策，为实现目标合理组织和使用人力、财力和物力，在集体中建立科学的管理系统，协调各方面的关系，监督、控制实施的过程，形成和谐的人际关系和融洽的心理气氛，形成积极健康的集体舆论，激发组织成员的工作热情和积极性，使他们和学校共生发展。总之，校长正是依托学校集体，并通过集体来实施管理的。苏霍姆林斯基十分重视校长对学校集体的领导。他说，"教师集体是学校的轴心"，"教师集体决定着学校的面貌"，"全体教师团结一致是教育教学工作成功的保证。"① 校长要把全体教师"结合成一股统一的教育力量"，用一致的教育信念武装教师的思想，使大家都为培养合格人才这一整体目标而努力工作。

20世纪教育改革的主题词是"学会生存"，而21世纪教育改革的主题词则是"学会关心，学会合作"。联合国教科文组织的《教育——财富蕴藏其中》的报告明确提出了4个学会，即学会认知、学会做事、学会共同生活、学会生存。西方一些学者认为，传统学校设计深刻地受到工业时代标准批量生产方式的影响，学校设计处处都能看到工业时代的烙印。学生学习内容被分割成一门门的课程，课程内容都是标准化统一设计的。教师的教学方法往往比较单调，按照同一个模子培养个性千差万别的学生。

在知识经济的大背景下，从20世纪90年代开始，针对传统教育的弊端及存在的问题，适应知识经济变革时代的要求，学习型学校在西方一些发达国家悄然兴起。1990年彼得·圣吉在《第五项修炼》一书中最早提出了学习型组织的思想。他认为，这种新

---

① 〔苏〕B.A.苏霍姆林斯基著，赵玮等译：《帕夫雷什中学》，教育科学出版社1983年2月第1版，第1页。

型的学习型组织是"人们可以不断地扩展他们的创造力,培养开阔的思维方式,发扬集体主义精神,了解如何共同学习的场所"。以后这一概念被迁移到教育领域,教育学者把它称为"学习型共同体"。目的是使学校成为校本知识的创造者,使学校管理有利于激发教师积极性,使学校教育从简单的知识传授与技能培养转变为让学生学会学习、学会生活、学会合作、学会创造,使学校成为社会的融合机制(Social inclusion),而不是社会排除机制(Social exclusion)。彼得·圣吉认为,学习型组织有五个特征,或五种修炼,其中第四点就是团队学习。团队学习是团体成员共同与相互的学习,是一个发展团队整体搭配与实现共同目标能力的过程。它建立在对发展的"共同愿景"的修炼之上,也建立在"自我超越"之上。学习的基本单位是团队而非个人。团队的集体智慧高于个人智慧,团队拥有整体搭配的行动能力。当团队在学习时,不仅整体产生成果,个别成员成长的速度也比其他学习方式更快。团队学习还强调透过"深度会谈"(Dialogue)与讨论促进成员的成长与发展。团队学习还注重成员的思想、经验的分享,相互学习、共同提高。学校共同体有五个要素:(1)反思、对话;(2)关注学生的学习;(3)教师间的互动;(4)合作;(5)共同价值观和规范。

日本学者佐藤学在《静悄悄的革命》中对学习共同体给予了很高评价。他说,走向学习共同体,意味着一场深刻的变革。它不仅把学校建成学生相互学习成长的地方,而且也要成为作为教育专家的教师们相互学习成长的地方,成为家长和市民参与学校教育、相互学习成长的地方。佐藤学在日本茅崎市郊区的滨之乡小学进行共同体的改革实验,实施"作为学校共同体的学校的创造"计划——"滨之乡小学经营的基本构想"。他指出,在共同体改革实验中，要尊重个体差异，构筑"相互学习的关系"，特别是要在课堂上构筑相互倾听关系，不是追求什么"风风火火的学校"，而是每一个人安安稳稳地"安心互学的学校。"

学校型学校、学习型共同体，究竟是什么样子？美国 Syvia. M. Roberts、Eunice Z. Pruitt 在《学习型学校的专业发展——合作活动和策略》一书中曾用以下文字描述和评价了一所学习型的学校：

> 漫步在纽约高中的墙边，我注意到这所学校在很多方面与众不同。这所学校4年前建于一所老校的基础上，缺少很多其他新建学校的设备。然而，我看到，教室的门总是开着，教师和学生们全身心地投入到学习中，我被这样的情景所打动。我每月访问该校两次，当我随意漫步在各教室之间时，教室里学生之间谈话的数量也令我惊讶。学生们觉得通过探究来理解是很舒服的，他们可以自由和教师对话，教师和学生之间就像平等的挑战者，他们互相提问题来挑战对方。这样的氛围令人兴奋，我开始意识到这所学校的学生正在不断地探寻学习的意义，同时也在接受学习是他们自己的责任。在我参观的学校中，我几乎没看到这样的情况，更多的是学生被当作信息的接收器，教学更多的都是以教师为中心，并且是严格围绕州考试计划进行。
>
> 这所学校刚刚设立时，教师可以按照他们的意愿制定课程方案，学校打算采用跨学科课程和团队教学，每个教师团队自主决定团队的工作方式。
>
> 经过一年的培训后开始实行这项计划。另外一所声誉好的学校运用合作的方法促进教师专业发展，好多教师就是来自于那所学校。在培训期间，两所学校的教师之间互相交流，互相

访问，了解有关团队教学和跨学科课程发展的知识和实践。校方已经开始意识到他们担负着自身和处于团队中的所有学生学习的双重责任。时间渐渐过去，这样的学习在教师中形成了一定程度的相互依赖性，同时，也在教学团队中培养了合作性。另外，他们还发现反省自己的想法和行为、进行和实施决策都是激发和促进智力的活动。他们的决策会影响学生学习的广度和深度，以及他们自己作为一个教育者的感受。

我参观教师办公室时，发现了和在教室里一样的乐趣。教师们之间的谈话总是围绕班级计划。办公室里的一块宣传板上记录着围绕教学和学习计划而开展的各种活动。这些被张贴的提示涉及学校领导的日常例会、团队学习会、新教师活动、教师的训练团队活动、单纯的社会活动。在校长的支持下，所有活动都是由教师策划和组织的。

校长的优先权之一就是支持教师得到他们想要的。在校方的推荐下，设置了在技术、科学、视听设备、教学资源等方面的教务人员，这些教务人员在各个方面支持教师的工作，并根据教学团队的要求安排和配置资源。

整个学校通过利用所有机会探讨、学习教学策略和学生的需要，始终关注学生的学习，校长提供给教学团队成绩的数据，以便他们制订教学方案。他们还一起分析团队为了制订教学计划举行的测验取得的成绩，教师们已经习惯于保持开放的课堂，在这样的课堂中，其他教师可以来进行非正式的观摩。

所有的活动都是围绕学校的中心使命安排的，也都是以提高学生成绩为目的，这些计划还需要团队教师的商讨和重新检验。在学校的教师会议上，教师们商榷如何更新现有的使命描述，如果有必要的话，在实施前他们会讨论如何调整。校长认为，对使命的解释有助于员工保持关注，并打算每两年进行一次。

建设学习共同体，是学校组织变革的一个新阶段，是当今学校变革的重要走向。现代学校的改革与发展，是致力于建设一个民主的、合作的、开放的学习型组织，建设一个有共同价值观和理想愿景的，相互学习、合作分享、协同探究、共同发展的，与社会紧密联系，使学校成为社区教育资源中心的学习型学校。这也向广大学校领导者的角色及其使命提出了新挑战、新要求。我们校长不能再满足于传统学校集体的建设了，而应当向学习共同体迈进。

## 三、构建合作互学的校本培训模式

学校领导者提升自身及学校的合作力，打造学校共同体，其策略是多方面的。如学校领导者要增加合作意识，向同人学习；向教师学习；自身要首先成为合作者，成为学校团结合作的表率和带头人；要改革学校管理模式，实施"走动"管理，实施扁平化的管理，实施人文的、民主的、开放的管理方式等。构建以学校为基础的合作互学的样本培训模式，也是重要策略之一。

走向校本，是当今教育改革的重要特点之一。适应课程改革的客观需要，许多中小学努力建立教师发展学校，构建以学校为基础、以学校为阵地、以学校为主体的校本教师培训模式。顾名思义，校本教师培训是基于学校发展和教师自身专业成长的需要，由学校发起和规划，将本校作为教师继续教育的基地并立足于本校教育教学实际的培训活动。校本培训与专门机构的培训活动，两者是相辅相成、相互补充、相互促进的关系。从持续发展的角度看，校本培训更具有普适性、合作性、实效性等特征。校本培训有如下几方面优势：（1）校本培训的目标不是外控的，而是内在的，是根据学校自身发展来确定目标，校本培训的目标与学校发展目标、教师发展目标是相一致的。（2）校本培训方案能够适应教师内在需要，能够满足教师发展的需求。（3）校本培训内容来自学校教育教学实践中的问题，针对性强，它不一定像专门培训机构那样注重系统性、全面性。（4）校本培训的主体主要来自本校，可以是学校管理者，可以是优秀骨干教师，当然也可以聘请校外专家。但主要是一种教师培训教师、校长培训教师的模式。每一位教师，既是被培训者，也可以是培训者，广大教师真正成为了培训的主人。这种培训模式更有利于凝聚人心，更有利于教师间相互学习、合作学习，以打造学校的教师共同体。

校长是学校法人代表，是校本培训的第一负责人。校长领导校本培训工作，需要注意以下几个问题：

第一，应确立现代教育理念和教育思想，这是校本培训的灵魂和核心。校本培训，必须重视思想领先，重视现代教育思想的引领和更新。要在现代教育思想指导下，结合本校实际，提出有特色的校本化教育理念。

第二，应建立民主开放的管理机制。校本发展、校本培训是教育民主化的体现，是以学校民主、和谐、平等的人际关系为基础。学校管理者和教育者，都要承担双重角色，既是培训者，又是受训者，大家都处于平等的地位。同时，只有广大教师的积极、主动参与，校本培训才能落到实处，才能有生机勃勃的活力。

第三，应建立校本培训的激励机制。要调动广大教师参与校本培训的积极性、主动性，必须建立校本培训的激励机制，建立校本培训的考核制度和奖励制度。考核制度包括分段考核和年终考核的时间和内容，不同形式的培训活动的考核方法，考核结果的记载办法，考核中的奖励规定等。奖惩制度应对奖励条件、奖励等级、奖惩事项及办法作出明确规定。奖惩制度应顾及教师的特点，制定有效的奖惩标准，不能单纯以考试成绩及学生学业成绩为依据，更要注重教师工作实绩、发展状况的现有水平。

第四，应确立问题意识，提高校本培训的有效性。开展校本培训，要有强烈的问题意识，要不断引导教师从教育教学实践中发现问题、寻找问题、分析问题，把问题作为校本培训的生长点，以在研究问题、解决问题过程中提高教师分析、解决问题的能力，对教育教学问题的研究能力，使教师在教育教学实践中增长才干和智慧。常州市武进区牛塘中心小学，围绕青年教师成长中的相关问题，通过举办青年教师发展学校的形式，请校外专家与本校教师一道开展研讨活动，取得了良好的效果。不从问题出发的培训，是缺乏针对性的，难以产生实际效果，对教师成长也不能起相应的促进作用。

第五，教师校本培训要有整体构思，要有目的、有计划地进行。学校应围绕发展目标，制订每学期、每学年的培训计划，并针对不同类型的教师制定不同的培训方案，有的放矢地开展培训活动。上海市甘泉外国语中学刘国华校长根据学校发展的需要，规划"青蓝工程"的校本培训项目，进行阶梯式校本培训的创意设计，针对0-3年教龄、4-11年教龄、11-25教龄教师的不同特点和要求，设计不同的培训方案。如青年教师基本功大赛方案、教育教学四项全能大赛方案、成熟型教师风采大奖赛方案等，从"找到教育的遗憾"到"抓住教育的契机"，最终"享受着教育的幸福",从而达到促进教师职业生涯发展,提升职业境界的目的,为学校教师共同体建设找到了有效的途径和策略。

第六,要倡导团队合作学习。团队合作学习是校本培训的重要途径。这里的团队,既指校长与校长、校长与教育专家所组成的团队,也包括学校内部校长与教师、教师与教师、教师与学生的团队。其主要形式是小组学习,如教研组、备课组及其他各种组合的学习小组。有的学校组织读书联盟、学术沙龙、课题研究小组等,都是小组学习的形式。小组合作学习时,要求每位成员做好充分准备,每一位成员都必须积极参与讨论,遵循求同存异原则,不强求小组成员意见统一,而提倡通过彼此交流与沟通、相互学习、取长补短;在讨论中要仔细倾听别人的发言,认真思考别人的观点,尽量做笔记等。

## 案例及评析

### 1. 假如我来当校长

学校的希望,学校的未来与发展,都寄托在年轻教师身上。我们的学校应该成为"教师的进修学校",让我们一批又一批的年轻教师和孩子们一样,身心都能得到充分和谐的发展。我们的学校应该像家园那样充满着亲情、充满着温馨、充满着歌声和笑语,每位老师的精神世界都能从中得到升华。

校长与老师、老师和老师应是朋友,是知己。大家共同从事教育实践、共同探索教育规律,向同事学习,向学生学习,让平等合作的关系、民主和谐的氛围洋溢整个校园。我们经常举办"假如我来当校长"的青年教师演讲活动，鼓励每个青年教师用5分钟的时间来宣讲自己的治校策略。他们认真研究学校的教育实际，并结合自己的教育理想，大胆想象，畅所欲言。而我们呢，认真听取老师们的真知灼见，能够马上采纳的，立即表态，并用到学校管理实践中去；一时困难的，做好解释工作，或留待稍后再做。这就是向教师学习，与教师平等对话，相互沟通和理解，也是教师参与学校民主管理的一种方式。青年教师朱晓刚在演讲中说道："假如有一天我做了校长，我对我的老师们说起的第一件事，就是今天的这个活动，是如何的激励了我、感动了我。我要组织的第一个活动，也是'假如我来当校长'教师演讲竞赛。"

正是在这种民主、平等，合作、竞争的氛围中，我们的教师在成长，我们的学生、学校在发展。下面是我们在举办"假如我来当校长"的青年教师演讲活动中，涌现出来的智慧的火花。

  假如我是校长，我必定要创立有特色的学校风格。只要是发展学生的个性、尊重学生的人性的教学，我将一如既往地坚持，并将以此作为学校的风格，不为局势之迫所动摇，不为人言所阻挠。

——鞠　斌

  假如我当校长，我希望我的学校、我的教师、我的学生都能给我一股力，一股永不衰竭的力，让我稳稳当当工作，面对一切挑战，我不会害怕碰到险峻的高山和深谷。我希望我的学校如花园般幽雅，我的学生如大树般成材，我的老师们如手足般亲密，共同创办一所好学园。

——薛　风

  假如我是校长，我会运用激励机制来培养青年教师。青年教师好胜、不甘落后，学校可以组织各种各样的竞赛活动，激发他们的竞争欲，让他们在竞争中寻找和实现自身价值。既让他们看到自己的优秀，也让他们看到自己的不足，只有这样，才能使青年教师爱学校、爱学生、爱事业。

——陶雪芬

假如我当校长，我不求自己样样都能干，但是我却要求自己要能凝聚各种能干的人，我要争取站在能发挥自己最佳作用的位置上，把自己放在追求集体管理的层次上。"大事清楚，小事模糊"，加强对人的管理，优化组合学校的人才资源，努力塑造一个"健康、和谐、积极、向上"的师生群体，这便是我管理工作的首要任务。因为只有当个体承认自己是群体中的一员，并自觉为这个群体目标而努力时，这个群体才会呈现出蓬勃向上的趋势，对群体的管理才会发挥出最佳效能。

——夏青峰

假如我是校长，我决不会甘于平庸，我要精心设计校园的每一寸土地。我要让校园里松柏青青，杨柳依依，鲜花丛丛。月牙池边看荷花，绿荫丛中踏小径，处处能给人以诗情，给人以画意。我要以民主、平等的管理准则在校园内创设和谐、高尚、活泼、向上，你中有我、我中有你，心往一处想、互相关心、互相帮助、共同提高的氛围。

——王冀敏

有人说，我们学校像个"小型联合国"，外地教师特别多。确实是这样的，我们这个学校，不仅有来自安徽、黑龙江、辽宁、陕西、湖南等省份的教师，还有来自乌克兰、美国、新西兰、加拿大、日本、菲律宾等国家的多名博士、硕士学历外籍教师。他们来校教授英语、日语、俄语等语言课程和艺术专业课程，为学生的发展提供了一片更广阔的空间。民主的氛围凝聚起一支优秀的教师队伍。他们带来了不同的思想、观念和文化。正是在这种不同的观念文化的碰撞、交融和互补中，学校才变得更有活力和创新力。我们始终追求"有容乃大"，我们始终相信"家有梧桐树，引来金凤凰"。

（江阴市华士实验学校校长　吴辰）

## 2. 创造适合教师发展的管理

有一次，镇上分管教育的领导带来一位我不认识的人，经介绍后我才知道他是本地一位地位不低的领导。我向他汇报了学校的大体情况，然后一块儿吃中饭。用餐的时候，大家谈得很投机，像朋友一样。那位领导突然问我一些问题："你什么时候最幸福？什么时候最遗憾？什么时候最痛苦？"我不假思考地脱口而出："当学校的工作取得成就时最幸福，当工作中出现失误时最遗憾。"至于痛苦，我认真地说："当我明知能出色地完成，也很想做，但领导偏不让我做时；或者我根本没有兴趣，估计也做不好，但领导硬让我做时，我会非常痛苦！"

七八年前，我们也经常做让教师反感的事：要求每个教师每学期必须完成1万字的学习笔记，每学期必须完成一篇论文，每学期必须上一次公开课，每星期必须参加学校主持的教师会议或政治、业务学习，每人必须参与一个课题研究，每学期听课不少于30节等等。最近几年，上级有关方面又提出了教师必须写教后感的要求，并规定每学期不得少于若干篇。我也听到一些学校提出了更为响亮的口号：100%的教师发表论文，教师每人要学会一种乐器，人人要学外语等等。但最终事与愿违。对于写读书笔记，真正认真看书学习的人都会有自己的学习方式，可以制成卡片，也可以在学习材料旁边加上批注等等。学习的目的是为了积累和创造，即使是写了1万字的学习笔记（严格地讲是抄写了有关文字），头脑里没有积累，更没有建构自己的认识系统，这种笔记又何用之有？

有一次，我的上司给每位校长发了一本"政治业务学习笔记"。半年以后他们要查这份东西时，我已经找不到那个本子了。我找出各种理由拒绝检查：网上查阅资料要去抄写吗？复印的资料要抄写吗？写成的一篇篇文稿不算学习吗？我还提出不要查笔记，而是可以进行学术对话的建议。结果，这项检查真的被取消了。

至于要求每个教师写论文，我认为是没意义的。有一次，一位青年教师交给我两篇文稿。我用不到10分钟的时间看完后说："估计这两篇东西才花了一个晚上的时间，是从别人的文章中拼凑而来的。"他笑了，说："为什么你的眼光这么厉害？"还有一位后勤人员，每次交稿时总是第一个，不到500字的一页纸，错别字不少于20个。这种事情听起来有些荒唐，但细细想来是我们学校领导的错。他们有什么办法呢？因为那时规定，不交论文要扣奖金。有一所学校的老师，为了不让学校"100%的教师发表论文"的口号落空，千方百计地找人到地方报刊的周刊上发"论文"，不得不用几条"中华"香烟开后门。那家周刊编辑对我说到这件事时直摇头："真是哭笑不得。"

而有时有关部门对学校的管理，也已经到了让我们哭笑不得的程度。有一年年底，我们应付了18项检查评比，不仅每一项评比都要有汇报和详细的"台账资料"，而且各种评比要求的材料都是有不同标准的。部分校长一方面要应付感到厌倦的来自上级的工作，另一方面又费心费力地主持校内的工作。到学生家里去家访或与家长取得联系，交流在孩子教育问题上的看法，本来是很正常的事，但每次都要求写转化一个后进生的资料，教师要花费不少精力。上课当然要备课，但是，有些校长不认真地去听老师上课，而是热衷于查教师的"备课"笔记。有一位教师朋友对我说，他们学校的领导特别喜欢开会。有一个星期，她参加了3次教师会议，而且有的时候是她刚吃完中饭，就立即被通知去参加教师会议去了。会议太多导致她根本无法静下心来做自己的事。

其实，这种扰民式的管理早在柳宗元的《种树郭橐驼传》中就被批判过。郭驼背是一位种树能手，他种的树不仅棵棵成活，而且长得茂盛。别人向他求教种树术，他说种树时坑要深，基肥要足，树根要施展，土要夯实，水要浇透，种后不要再去理它。千万不可今天去折一下枝看看枯了没有；明天去剥剥皮，看看死了没有；后天去摇摇树，看看扎根了没有。柳宗元批评"好烦其令的长人者"，今天叫庶民好好耕织，明天又叫百姓好好养育子女。柳宗元先生主张将郭专家的种树术移至官道，我想此种树术应移至学校的管理上。这几年，我校在教师管理上采取了一系列的改革措施。如，教师会议原则上1个月不超过1次（小型专题性研讨活动除外）；不主张查阅教师的备课笔记，用听课的方式代替；不规定教师写读书笔记，但从专题研讨活动中观察其实际水平；不要求教师人人参与课题研究，而考察其在上课或活动中的能力；不要求教师人人上公开课，而采用教师自愿申报的办法。

前几年，我校大胆提出了"创造适合教师发展的管理"的口号，它的基本精神是管理必须适应教师。具体地讲，如果一项管理措施实施较长的一段时间后，不仅没有收到良好的效果，反而遭到了广大教师的非议,那学校领导就应该认真听取教师意见,重新审视这项措施的实际价值,必要时要毫不犹豫地废除。

其实,很多时候学校领导并不比教师更高明。如果真的想让学校管理走向科学化,让大多数教师认同,那么就应该到教师中去听听真实的声音,以体现"管理就是服务"的思想,而不是凭校长的主观意志。虽然我们有些决策是科学的,但科学的不一定是可行的,"科学+民主"的管理才是最好的管理。

(常州市星辰实验学校校长　庞荣瑞)

## | 案例评析 |

吴辰、庞荣瑞都是经济、文化、教育都比较发达的苏南地区的名校长。在学校办学与管理中,他们有着各自不同的风格,但是共同点就是尊重教师,关心教师,信任教师,发展教师,把以人为本的管理思想落到了实处。吴辰的办学理念是"师生结伴成长,同心、同乐、同行,让学校成为师生的精神家园",真正体现了一种温馨和谐的人文精神。庞荣瑞提出的"创造适合学生发展的教育"、"创造适合教师发展的管理"、"创造适合学校发展的文化"三句话办学主张,则表现出尊重学生和教师主体地位的人本主义管理思想。现代化的教育、现代化的学校管理,核心价值理念就是以人为本,把人的地位、人的价值、人的发展放在至高无上的地位,多些人文关怀,多些人情味和民主性。吴辰、庞荣瑞两位校长不仅确立了这种理念,还在办学实践中结合学校实际提出了各自的办学主张,创设以人为本的管理模式,打造"心往一处想,劲往一处使"的学校团队,使教师、学生得到比较充分、自由的发展,这正是他们共同的成功之处。

## 向优秀校长推荐的书

1. 贾砚林、颜松等著:《团队精神》,上海大学出版社 1999 年 2 月第 1 版。

2. 〔美〕Shirley M. Hord 主编,胡永梅等译:《学习型学校的变革——共同学习,共同领导》,中国轻工业出版社 2004 年 10 月第 1 版。

3. 〔美〕Sylvia M. Roberts、Eunice Z. Pruitt 等著,赵丽等译:《学习型学校的专业发展——合作活动和策略》,中国轻工业出版社 2001 年 10 月第 1 版。

4. 王铁军、周在人主编:《给校长的建议——101》(全新版),南京师范大学出版社 2005 年 5 月第 1 版。

| 第六章 |

# 经营力修炼
## ——运筹帷幄养士气

由于学校管理离不开经营,所以学校经营中就必然包含着学校管理。从这种意义来说,把学校经营和学校管理作为同义词来使用也是可以的。

——〔日〕安藤尧雄

学校经营是充分利用设施设备进行的有组织的教育活动。

——〔日〕安藤尧雄

学校经营管理者表现出来的与他的角色相关而且常见的行为过程,就是制订规划、做出决策、拟订方案、倡导激励、协调沟通和评价。

——〔美〕约翰·雷、沃尔特·哈克、卡尔·坝道里

## 一、经营学校：教育改革的新课题

在新的历史时期，作为一校之长的校长，其职业角色的内涵和外延都发生了很大变化，他们已不仅是学校的管理者，而且扮演着经营者的角色。现在的校长既要学会管理学校，还要学会经营学校。如今，令人可喜的是，不仅民办学校的校长有了经营角色的认识，公办学校的校长也逐步确立了经营意识。江苏省首批名校长万小平说得好："随着社会主义市场经济体制的建立，随着教育体制改革的不断深入，学校面临许多新的问题：办学经费单靠政府拨款有缺口，教师单靠上级指派难如人意，热点学校人满为患，薄弱学校招生不足……这就要求学校的校长要由单纯的行政管理型转变为经营管理型，校长要学会经营学校。"

经营，《现代汉语词典》的界定为：（1）筹划并管理；（2）泛指计划和组织。《辞海》的界定是"经营乃经营者策划营谋也，有开拓、发展、谋划未来之意"。由此可见，对经营的界定基本上是一致的，主要指设计、策划、营谋的意思。经营这一概念后来在教育界得到运用和推广，1958年日本成立了教育经营学会，相继提出了教育经营的理念。学校管理学专家安藤尧雄在《学校管理》一书中明确提出，从某种意义上说，学校管理就是学校经营。学校经营是指"对学校特定的设施设备有效利用"，"是充分利用设施设备进行的有组织的教育活动"。他认为，"学校的教育不是一位教师和一个学校间教育活动，而是运用学校的设施设备所进行的集体性教育活动"。美国约翰·雷、沃尔特·哈克、卡尔·坝道里三位学者在《学校经营管理》一书中阐述了学校经营管理功能的问题。他们认为，学校经营管理功能是指，"在学校系统中，通过开展最为有力、有效的经营活动，从而确保教育方案和服务最为有力、有效的实现"。他们还认为学校经营具有决策的意义。

改革开放以来，我国教育界相继提出了教育经营的观点。清华大学校长职业化研修中心王继华在提出打造职业化校长的命题同时，提出了教育经营的思想。他认为，计划经济时期的单一化、封闭式办学模式已不能适应当前教育发展，现代校长不仅需要具备管理的素质，更应拥有教育经营的动力。学校要借鉴企业经营运用策略，将经济规律与教育规律结合，经济智慧与教育智慧融合。教育经营的内涵包括树立市场营销的经营观念，确立成本效益的经济观念、资本运营的经营观念，对学校资源进行优化配置，合理地调整学校规模和布局，从而实现教育经营的目的等。王继华还提出校长要学会经营学校，要具有教育经营力[1]。陶大德在《试论学校经营管理》一文中指出，经营管理是以学校整体为对象而进行的一系列筹谋与调控行为的总称，是一个由学校经营管理的主体要素、对象要素、中介要素构成的有机系统，具有独有的特征、构成和项目。张学敏认为，学校经营特指市场经济条件下出现的学校行为，是学校为实现自身的可持续发展，满足社会不同层次教育服务要求，通过在教育市场中的交易活动实现资源的优化配置和整合，从而扩大办学规模，提高教学质量，提高资源使用效率和教育产出效益所进行的一系列活动。靳希斌、任建华把学校经营界定为，学校组织从自身行为特征实际出发，以提高学校资源效率和效益为根本目的，以学校资源多层次优化配置、整合为基本途径，所实施的学校经营环境分析、学校经营思想确立、

---

[1] 王继华著：《校长职业化释要》，北京大学出版社2003年11月第1版。

学校经营目标确定、学校经营策略选择以及学校经营操作方式等一系列的策划、营谋活动。

许多一线教育工作者，尤其是民办学校的校长结合自己的办学实践对教育经营、学校经营也进行了解读与诠释。如翔宇教育集团卢志文校长认为，管理和经营是两种不同的学校运行质态。政府创造环境，学校创造品牌，教师创造质量，学生提高素质，这就是经营教育的本质。他认为，"学校由管理走向经营，已经是必然的选择"，"经营教育的目的是提高教育活动的效率，它并不涉及教育活动本身的目的。教育规律的作用是保障教育目的的实现，市场规律的作用是提高教育目的实现的速度和效率。""从本质上说，教育从管理到经营的转变，是转变教育资源配置方式，让市场机制在教育资源配置中发挥基础性作用，逐步实现教育资源从计划配置为主到市场配置为主的体制转型。""一切有利于提高学校办学效率和速度，提高教育资源利用率和教育教学质量的行为都是教育经营行为。"①

在新的历史时期，校长该如何去认识和理解学校经营？该如何修炼经营者角色素养？该如何扮演经营者角色？可从以下几个方面去思考和实践。

## 二、经营是手段，而不是目的

学校经营有狭义与广义之分。狭义的学校经营是指把企业管理

---

① 王铁军、周在人主编：《给校长的建议——101》（全新版），南京师范大学出版社2005年5月第1版，第113—116页。

思想部分地运用到学校管理工作中，以促进学校的发展。例如企业的全面质量管理思想、企业文化理念等都已经被学校管理者所吸纳并在学校管理中加以运用。广义的学校经营则是指策划、营谋学校的发展。它要求学校管理者根据科学发展观的思想，对学校的未来发展作战略性、前瞻性、长远性、全局性的思考与策划，描绘学校发展蓝图。如对学校形象的设计与塑造等。

需要指出的是，无论是狭义的还是广义的学校经营概念，都阐明了经营仅仅是学校管理的一种手段，经营本身不是目的。不能为经营而经营，更不能背离学校的教育目的去经营，把经营与赚钱画等号。经营的根本目的是促进学校发展，促进师生员工的发展，促进学校组织成员的发展。如今，有的学校背离社会主义的教育目的和培养目标，把学校经营变成纯粹的商业化行为，片面地把经营理解为就是赚钱，就是仅仅追求经济效益，这显然违背了学校经营的教育宗旨。校长要成为经营者，首先就要认识和把握学校经营的科学内涵及其本质，认识和把握学校经营的教育性原则，不要把学校经营与企业经营完全混为一谈。

学校经营与企业经营相比较，主要有三个方面的不同。一是经营的目的不同。企业经营是为了最大限度地获取经济利益，创造社会的物质财富。学校经营则是通过优化教育资源，为社会提供优质的教育服务，促进学校及其成员的发展，为社会培养德智体美诸方面全面发展、个性和谐发展的建设者和接班人。二是组织的策划不同。企业组织的原则强调经济节约与生产效能相统一的原则，组织结构的设计要符合产品的生产、监督、营销与创新。学校组织的设计则强调教育质量与规模效益相统一的原则，组织设计要适合学生成长、学生培养的渐进过程，要有利于教师劳动的创新。三是产品的经营不同。企业经营的产品一般是没有生命意识的物化东西，在产品生产过程中是单向性地操作劳动，产品的营销具有短时的市场性。而学校经营的产品是一种教育服务，这种服务体现在学生身上是一种智力因素与非智力因素的成果，是一种渐进性的、累积性教育过程，具有终身性的特点。

## 三、办学思想是学校经营的核心

办学思想、办学理念是学校经营的核心与灵魂。学校经营首先是经营学校的办学思想和办学理念。办学思想与办学理念，是校长在经营学校过程中所逐步形成的对学校办学目标、组织使命、核心价值观等形而上问题的思考与界定，是学校所特有的基本信念、价值标准和行为准则等的总和。它贯穿于学校的全部经营活动之中，指导着学校的发展方向，影响着学校全体成员的精神状态，决定着学校师生员工的素质和学校的核心发展力和竞争力。

成功的学校，成功的校长，重要经验之一就是高度重视经营办学理念。

2001年翔宇教育集团组建后，卢志文校长把办学理念作为立校之本。他提出10条办学理念，定位学校品牌形象，端正学校的办学方向，统一教职员工的教育思想，以此指导学校的教育教学实践。（1）建校原则：秉持"着眼长远发展，注重社会效益"的投资理念，以"现代学校的硬件设施，示范学校的办学质量，平民接受的收费标准"作为建设原则，创办老百姓上得起的优质民办教育。（2）办学宗旨：培育走向世界的现代中国人。（3）培养目标：德智双全，文理兼通，学创俱能，身心两健。（4）精神偶像：周恩来。以少年周恩来作典范，为中华崛起而读书。（5）育人途径：以严格的要求规范学生，以优良的校风影响学生，以高尚的师德感染学生，以优美的环境陶冶学生，以崇高的典范激励学生，以扎实的课程发展学生，以丰富的活动提高学生，以现代的观念武装学生。（6）学风建设：乐学、勤学、会学。乐学：方法正确，习惯良好，效果显著。（7）教师形象：红线"三根"——不接受家长宴请，不收受家长礼物，不利用家长办事。教风"五条"——乐于奉献，敏于学习，勤于思考，勇于实践，善于总结。教师"四真"——真情实感，真抓实干，真才实学，真知灼见。（8）校风文化——校园建筑营造整体美，绿化小品营造环境美，名人佳作营造艺术美，人际和谐营造文明美。（9）工作中心：内强素质，外树形象。（10）庄重承诺：视质量如生命，视家长为上帝，视学生若亲子。这10条原则就是翔宇教育集团校本化的办学理念，就是他们具有实践特性的办学思想。正是在这些思想理念的指引下，翔宇教育集团成为省内外有影响的知名学校，学校获得了成功。①

校长经营办学思想，最主要的是要做到三个确立：（1）确立学校的历史使命感和社会责任感。要把培育英才的使命感与责任牢记在心，"不让一个孩子落后"，"让每一个学生在学校里抬起头来走路"。培育的学生不能成为社会的"次品"、"废品"和"危险品"，而是对社会有用的人才。这一思想应贯彻学校工作的始终，来不点半点闪失。学校教育应是"零缺陷"的教育，学校管理应是"零缺陷"的管理。（2）确立学校发展的科学价值观，坚持社会本位与人本位的辩证统一观，追求社会发展与人的发展的

---

① 王铁军、周在人主编：《给校长的建议——101》（全新版），南京师范大学出版社2005年5月第1版，第120—124页。

和谐统一。既要摒弃只强调社会发展，忽视人的发展的社会中心观，又要防止只强调人的发展而忽视社会整体发展的个人中心论。学校办学既要遵循适应并促进社会发展的规律，又要遵循适应并促进人的身心发展的规律，两者不可偏废。（3）确立学校发展的合理性目标。这包括学校的培养目标，学校组织发展的短期、中期、长期目标，教师发展的群体目标与个体目标等。要充分发挥目标的导向性、激励性作用。

## 四、经营成本，营造效能文化

教育经济学主张，在学校经营过程中，必须对学校资源进行合理配置，在资源配置决策时需要进行成本效益分析。既要有成本分析，又要有效益分析。然而，在当今学校办学过程中，一方面存在教育经费投入不足的问题，另一方面又比较普遍地存在着严重浪费的现象。办学不讲成本，不讲效益；只讲投入，不讲产出；缺乏成本意识和效能意识。为此，应提高学校办学效益，我们的校长应成为学校经营者，要确立经营成本意识和效能意识。

办学成本有狭义与广义之分。狭义的办学成本是指学校在培养学生过程中耗费的专业性经费支出和基本建设费用支出。广义的办学成本则包括知识资本、人力资本、物质资本等。经营学校，就要充分注重这些资本的价值，最大限度地开发、利用这些资本，提高资本的利用率，争取最大可能的效益，以此为学校发展获得更多的支持，使学校更快、更有效、更健康地发展。经营成本，校长就要考虑与重视教育成本的支出与节省，要引领学校财务人员进行教育成本核算与教育成本收益分析。成本核算是对学校某一时期内培养学生所耗费的资源数和服务量进行统计；成本收益分析则是确定教育成本支出与教育产出效益之间的比例关系。

校长经营学校，还要学会编制预算。农村义务教育经费保障新机制改革后，随着学校经费的按时足额到位，广大中小学校长已不必再需要四处奔波筹措办学经费了，而是要站在维护学校和学生合法权益的立场上，客观真实、全面细致地反映学校教育教学对资金经费的基本需求，积极、主动地编制学校预算。预算经费的编制程序，主要是"两上两下"："一上"就是根据基本情况和事业发展的需求，编制年度预算建议数；"一下"，县（区）级财政（教育）部门结合实际财力，下达学校预算控制数。"二上"，就是要学校制订用钱的计划，合法合规地安排资金，根据预算控制，编制预算草案；"二下"，县（区）级财政（教育）部门批复学校预算。目前，大部分农村中小学校长和财务人员尚未掌握预算编制方法。在预算编制上还比较粗放，不够细致和规范，一些中小学缺乏合格的专业财会人员。审计署在2006年1月至2007年6月对16个省（区、市）的54个县（市、旗）的农村义务教育经费进行审计调查后，发现部分地区还未形成规范的农村中小学预算管理制度，有的中小学校长长期缺乏外部监管，学校内控制度不健全，致使账外账、乱收费等问题得不到及时纠正。因此，要学会经营，学会编制预算，首先就得提高校长自身素质，提高经营水平，加强学校工作的全局性、计划性和条理性。在预算编制过程中，校长的主要职责一是组织教务、总务、财务和教师代表，成立预算编制工作小组，研究确定学校预算；二是负责审签本校预算，对预算的真实性、完整性、合法性负责。预算批复后，校长又要严格按照预算去使用经费，按批准的预算花钱。"打酱油的钱不能买醋，吃饭的钱不能用于搞建设"，努力做到"执行程序要规范，手续备份要齐全，开支范围要严格"。在预算执行过程中，校长要严格执行纪律，规范收费行为。学校按规定向学生收费必须开具合法收据，收费项目、标准及收支情况要及时公示，严禁通过举办各种提高班、初习班、特长班、竞赛班等方式变相收费，严禁向不住宿的学生收取住宿费，伙食费只能向自愿在校就餐的学生按照成本收取，学校开办食堂严禁以营利为目的。总之，校长要把预算编制与管理的过程看作是磨炼自己、提高自己经营管理能力的一个重要契机，让自己在其中获得更好的发展。

校长确立成本意识，其目的在于提高学校办学与管理的有效性，营造学校的一种效能文化。美国管理学者韦恩·K·霍伊和塞西尔·G·米斯克尔在《教育管理学：理论·研究·实践》一书中专门阐述了学校的效能文化。他们认为，从组织观点来看，效能文化是非常重要的学校特征。"在某种程度上，强有力的学校效能文化使人们接受可以带来优良绩效的富有挑战性的目标、巨大的组织努力以及坚忍不拔的毅力等"。他们提出学校管理者面临着三个挑战：（1）如何证明他们的系统是有效的？（2）当定义发生变化时，如何继续证明这种有效性？（3）如何保证持不同效能观的利益相关者满意？这些问题和挑战，对于我们中国广大校长也是一个新的思维视角。如何在学校打造一种全新的效能文化，无疑是校长们的新课题。

## 五、经营资源，追求整体效应

学校管理是对人、财、物等教育资源进行有目的、有计划、有组织的控制、调节与有效利用以实现教育目标的管理活动。可见，学校管理就是对教育资源的管理。从这种意义上说，学校管理就是一种经营教育资源的活动。为此，学校管理者经营学校，就要最大限度地开发、利用校内外教育资源，从而促进学校的发展。

成功的校长总是具有开放的视野，充分认识到了教育资源的重要作用，重视校内外教育资源的开发与经营，并有序地加以利用，以追求学校教育的整体效应。北京市海淀区中关村第一小学利用学校独特的地域优势，充分发挥家长资源，成立百名家长顾问团，为学校发展出谋划策；各班也成立了家长委员会，参与支持班级工作。学校利用附近的中国科学院和中关村的科技文化优势，举办百场科普讲座；与中科院联手成立少年科学院，开展"走进科学院，走近科学家"活动，航天英雄杨利伟的儿子杨宁康所在班级被北京市命名为"宇航中队"。他们班多次与航天城合作开展活动，召开"小小宇航员"中队会，走进航天城，感受宇航精神。

苏州市实验小学是一所百年老校，有着深厚的文化积淀，在新的历史时期又焕发出青春的活力，创造了"第二次辉煌"。校长徐天中是一位大气的校长，坚守"小学校研究大教育"的理念，充分开发、利用当地教育资源，从2000年开始，在太湖之滨筹划、建设占地200亩，投资600万元的"绿野村"，使之成为苏州实小以至全苏州市中小学素质教育的基地。它不仅成为了孩子们向往的乐土，收获了校园里无法实现的诸多教育成效，而且产生了一定的社会效益和经济效益。绿野村的建立，是徐校长以其特有的人际交往才能和多年行政生涯中积累的广泛的社会网络，为学校赢取了不可多得的发展资源与机会，以促进苏州实小的发展，促进师生员工的发展。

网络教育资源是最经济、最实惠、最有效的教育资源，许多地区与学校十分重视网络教育资源的开发与利用。从1998年开始，佛山市教育局率先从实现教育现代化的需要出发，重点关注教育信息化的核心内容——基础教育资源的整体建设。通过佛山教育信息网络管理中心组织网上教学资源开发队伍，先后建起语文、英语、数学、音乐、美术、信息技术、CAI素材库等20个学科群资源网站，覆盖了中小学、幼儿园的所有学科。佛山市中小学、幼儿园的广大校长与教师充分利用这些网络资源，并进行自主开发，极大地降低了资源开发成本，提高了教育教学效益，同时也创造了一条多、快、好、省建设网上教育教学资源的有效途径。

## 六、经营品牌，打造学校形象

经营品牌，是学校经营又一重要内容。经营品牌包含许多内容，但是最重要的是人的品牌。名校长、名教师，以至名学生都是学校的品牌。美国哥伦比亚大学教育学院在学院主楼的走廊里，在杜威雕像的旁边挂着六幅该院校工的照片，这充分体现了对人的尊重与关怀，同时也表明他们把校工也作为学院的品牌。经营学校品牌，不仅仅是培育、打造名校长、名教师，还要重视学生及校友的品牌。"今日我以母校为荣，明日母校以我为荣。"一些出类拔萃的校友，正是学生团队杰出的代表。一些名校的校史馆，着力展示校友的业绩，宣传他们的成就，正是一种品牌经营。

从企业的质量管理来说，品牌是一个名称，一个标记、符号，是名称、标记、符号的组合。品牌在本质上代表着卖者对交付给买者的产品特征、利益和服务的一贯性的承诺。最佳品牌就是质量的保证。品牌价值反映的是设计、生产、工艺、广告和销售的综合实力。品牌是产品与顾客之间信任的纽带。有学者以奔驰汽车为例，奔驰牌意味着昂贵、做工精湛、马力强大、高贵，代表高度组织、高效率和高质量，体现一种德国文化。奔驰牌还可能让人想到一个严谨的老板、一只狮子或庄严的建筑。世界著名品牌战略研究权威、美国加州大学教授 David Acker 在其出版的《创造强大有力的品牌》一书中指出，"品牌是竞争优势的主要源泉和富有价值的战略财富"。

品牌是代表一种视觉的、感性的和文化的形象。品牌可以是一种产品，也可以是一个组织、一个人或一种象征。美国学者迪尔与肯尼迪在《企业文化》一书中把英雄作为企业组织的名牌形象，作为企业文化的五要素之一。他们把企业的英雄分为两大类，即"共生英雄"和"情势英雄"。共生英雄是指与企业、公司一起诞生的英雄，他们的成长是与企业、公司同步的；情势英雄则是人们精心造就的英雄。无论是共生英雄还是情势英雄，都是企业组织所必需的。前者为全体员工照亮征途，后者却以他们日常工作生活中成功的故事鼓舞着员工。管理学中的英雄文化思想，对于任何社会组织都是具有借鉴价值的，学校组织也不例外。学校组织同样要有自己的品牌，要有自己的英雄，需要自己的品牌形象。经营学校，就要重视学校品牌的打造，重视学校英雄人物的培育，重视打造学校形象。

从特定意义上说，学校管理事业是英雄的事业。学校英雄就是名师、名校长。他们坚守教育理想，全身心地投入，敬业奉献，执著追求。他们善于学习思考，立足学校，立足本职岗位，在教育教学实践中，提出独树一帜的教育教学思想。他们勇于探索，锐意改革，大胆革新，取得突出的教育教学业绩。他们在长期教育实践中热爱学生，以学生为本，演绎出许多感人的教育故事。他们的学识、人格与言行，本身就是一本厚实的教科书。

梅贻琦先生说过，大学者非大楼之谓也，大师之谓也。大学要有大师，中小学要有名师。名师、名校长是学校的一面面旗帜，一个个标杆，是学校领军式人物。"榜样的力量是无穷的。"列宁这段名言是对价值的精辟揭示。一所学校需要有自己的品牌，需要有名师、名校长的引领、示范作用。名师、名校长的教育教学思想是学校价值观的代表。名师、名校长的高尚职业精神和伦理品质是师生员工学习的楷模和典范。名师、名校长的科学精神、学术品格和丰硕的研究成果，是学校学术文化、学术形象的集中体现。名师、名校长是学校团队的核心人物，因为有他们学校组织才有了凝聚力。名师、名校长的公众知名度又扩大了学校的影响力。因此，经营学校不仅要经营理念、经营成本、经营资源，还要经营名牌，打造学校英雄，这已成为学校管理、学校经营的重要内容和重要特征。

## 案例及评析

### 1. 学会经营学校

1999年1月12日《常州日报》刊登了这样一则消息：

地处沙田小区的上海市梅岭学校，一个月前以一百万元的价格，将学校的冠名权转让给了民营的沙田房地产有限公司，更名为沙田学校。此举究竟给学校带来了什么？它的积极意义又在哪里？揣着这样的疑问，记者在走访了该校后，便豁然开朗。

据校长邓明道介绍，目前这笔到位的资金，已经有60万逐步投入到教学设施的更新改革上,另有 40 万是用在教育基金的设立上。按照协议,企业方今后每年还将另外捐资办学。

校领导较一致的看法是,从"梅岭"到"沙田",名称的改变只是外在的,更重要的是为学校的发展注入了新的活力。首先,学校的财务上了个台阶,为实施比较现代化的教育手段提供了良好的物质基础。其次,企业管理的某些机制引入了学校,便于在教职工中形成良性的激励机制,如学校今后将有可能对贡献突出的教师实行"重奖"。第三,学校和校企业的"联姻",有利于学校把企业和社区的教育资源充分利用起来,从而使学校成为一种全面、动态的开放式教育。

校名卖钱,这在前些年是不可思议的。在计划经济体制下,学校的经费是政府划拨的,招生计划是政府指定的,教师是政府指派的。校长的主要工作就是管好这些教师和学生,用好政府下拨的办学经费。然而,随着社会主义市场经济体制的建立,随着教育体制改革的不断深入,学校面临着许多新的问题:办学经费单靠政府拨款尚有缺口,教师单靠上级指派难如人意,热点学校人满为患,薄弱学校招生不足……这就要求学校的校长要由单纯的行政管理型转为经营管理型,校长要学会经营学校。

(原常州国际学校校长　万小平)

## 2. 创办老百姓上得起的优质民办学校

学校为了在教育产业竞争中处于有利地位,必须想方设法占据某个领域的独特地位,在目标群体中形成明确的品牌主张。翔宇教育集团在短短几年时间内,能在民办教育领域树起一面旗帜,完全得益于集团正确的品牌主张。集团成立以来,一直秉持"着重长远发展，注重社会效益"的投资理念，一反时下民办学校贵族化、精英化的追求，大张旗鼓地提出了"创办老百姓上得起的优质民办学校"的主张。"老百姓上得起"与"优质民办学校"之间的反差一下子让集团站到了民办教育领域的前沿，得到了社会和家长的好感，既扩大了学校的影响力，又树立了学校全新的品牌形象。2003年，翔宇再出大手笔，以600万元巨资赞助处于低谷状态的国家男子排球队。这既是王玉芬董事长对体育事业的支持和对社会的回报，同时也表明了翔宇形象的品质——"雪中送炭，回报社会"，让社会知道学校的"平民化"定位。赞助男排一举，引发软广告效应，让翔宇得到社会的赞赏，扩大了知名度。翔宇和旗下的宝应中学随着新闻媒体对签字仪式的不断传播，到世锦赛男排着"宝应中学"队服在体育频道的频繁亮相，以及因冠名而引发的媒体的争论，而轰轰烈烈地进入了全国人民的视线。

（翔宇教育集团总校校长　卢志文）

## | 案例评析 |

　　万小平是江苏省首批十五名名校长之一，卢志文是江苏翔宇教育集团总校的校长，2007年曾被评为全国民办教育十大风云人物。这两个案例都提出了学校管理的新理念、新策略——学校经营，校长要成为学校经营者。梅岭学校将冠名权转让给沙田房地产公司，更名为沙田学校；翔宇教育集团则是积极打造学校的品牌，塑造全新的学校品牌形象。这都充分说明，在现代社会，学校经营已成为学校办学与管理的一个新走向。这向广大校长提出了角色转变、角色职能转变的新课题。我们的校长要适应社会变革的要求，借鉴企业运作的策略，积极探索学校经营、教育经营的特点，由单纯的行政管理型转为经营管理型,走经营管理之路,以促进学校发展。两个案例也告诉我们,学校经营是一种管理手段,而不是管理目的,经营的目的最终是促进学校发展,促进师生员工发展。

## 向优秀校长推荐的书

1. 〔日〕安藤尧雄著,马晓塘、佟顶力译:《学校管理》,文化教育出版社 1981 年 11 月第 1 版。

2. 〔美〕约翰·雷等著,张新平主译:《学校经营管理》,重庆大学出版社 2003 年 10 月第 1 版。

3. 王继华著:《校长职业化释要》,北京大学出版社 2003 年 11 月第 1 版。

4. 〔美〕韦恩·K·霍伊等著,范国睿主译:《教育管理学:理论·研究·实践》,教育科学出版社 2007 年 1 月第 1 版。

5. 赵中建主编:《学校经营》,华东师范大学出版社 2006 年 7 月第 1 版。

第七章

# 教学指导力修炼
## —— 指点课堂显真气

如果你想成为一个好校长，那你首先就得努力成为一个好教师，一个好的教学专家和好的教育者。

——〔苏〕瓦·阿·苏霍姆林斯基

要成为教师的教师，就要一天比一天深入地钻到教学和教育过程的细节和微妙之处去，那时候，人们称之为塑造人的灵魂的艺术的东西，才会在你面前一点点地展开新的境界。

——〔苏〕瓦·阿·苏霍姆林斯基

课堂教学是经验丰富的校长所关注的中心问题。经验使我深信，听课和分析课是校长最主要的工作，其他很多方面，如教师和学生的集体的丰富精神生活，教师的教学技巧，学生多方面的需要和兴趣，都有赖于这项工作的高度科学水平。

——〔苏〕瓦·阿·苏霍姆林斯基

人们常说，校长是一校之魂。但我认为，"魂"要附"体"，如果"魂"不附"体"，那就失去了价值。这个"体"是什么，就是学校的教育教学！校长必须要回到教学指挥的位置上来。

——南京市教育局局长　徐传德

## 一、课程改革呼唤校长教学指导力的提升

国家新课程改革的实施,对当今全国基础教育来说,无疑是一场革命。这一场革命的成败,决定于学校层面的落实。国家的课程纲要、课程标准在学校层面上没有一个统一的模式,也没有现成的样板。这就要求校长要基于学校、地方实际,争取各方面的支持,带领全校师生员工,开展创造性的实践探索。因此,校长对课程教学的指导决定着课改实施的效果。

随着新课改的深入,隐藏在课程背后的各种深层次的问题逐渐浮现出来,诸如课程观念与传统惯性的冲突、课程理念与教学行为的不对称、改革动力需求与教师的职业倦怠的强烈反差等,尤其是素质教育与应试需求的冲突更是明显。特别是在中学,高考决定着孩子的前途命运,家长望子成龙,官员要出政绩,学校承受着巨大的压力。在这样的背景下,推进新课程改革,严峻挑战着校长教学指导的智慧与勇气。

面对课改的要求,面对课改推进的矛盾与困难,"新课改,爱你没商量;新课改,爱你很无奈"成了许多校长的心理写照。相当一部分学校没有实现观念的转变,表现在不完全执行国家课程计划、随意增减课时、随意拔高教学要求等。一些校长不同程度地脱离教学一线,不熟悉教学业务,不上课,不听课,不研究课堂教学。一些校长虽富有改革的激情和活力,但缺少经验与审慎的思考,缺少对教育教学基本规律的把握,甚至有的校长充当着"官"校长、"钱"校长角色。校长能否真正成为课程改革、教学改革的领导者、校长对教学本质有怎样的认识、坚持怎样的教育

教学理念；校长能否善于在实践中发现问题、研究问题、解决问题，引领正确的教学行为；校长有没有建设优质教师团队的意识与有效策略等，影响着国家新课程改革的实施。国家新课程改革的推进呼唤着校长回归课堂，切实提升自己的教学指导力。南京市玄武区教育局对校长提出这样的要求：一把手校长要指挥教学，分管校长要坐镇教学，支部书记要保证教学，其他校长要服务教学。这几句话就是要求我们校长静心、潜心抓好教学工作，成为课程、教学的指导者、领导者。

## 二、教学素养修炼是提升教学指导力的前提

校长作为"教师之师"，要提升教学指导力必须加强自身的业务修炼，努力做"专家型"校长，做老师们心中的榜样与"明星"。正如苏霍姆林斯基所说，如果你想成为一个好校长，那你首先就得努力成为一个好教师，一个好的教学专家和好的教育者。校长要指导教学，就必须是教学的行家里手。

校长要做教学的行家里手，首先要有教学的境界的追求，要潜心钻研哲学、教育学、心理学；要广泛进行社会调研，始终把握教学的制高点，才可以居高临下，高瞻远瞩，引领学校的教学发展。其次，校长要有丰富的教学知识。美国斯坦福大学的舒尔曼教授研究指出，教师的教学知识是教师专业发展的基础与核心，教学知识不仅包含一般的课程理论、教学原理知识，还包含着大量非系统的具有默会性质的实践知识。所以，校长只有在读书、研究、实践中，丰富自身的教学知识，才有指导教学实践的发言权，指导也才能契合教学，为老师们所悦纳。其三，校长也要努力成为

学科专家。从教学的角度看，校长说到底也是教师，校长在某个领域研究的高度与深度决定了他在教师心目中的地位。当校长焕发出一种魅力的时候，校长人本身就是一种指导。事实上，许多名校长，也都是名教师，诸如魏书生、袁浩、李镇西、孙双金、李烈等。

提升教学的指导力，校长还要有学者那样的行走方式。学者的行走方式就是不断学习，不断研究。教学是无止境的，个人的教学追求也是无止境的。校长的教学指导是具体教学的指导，也是一种教学态度的指导，一种教学行走方式的指导，一种生命意义的唤醒。所以，校长应该始终坚持在教学第一线，并把教学当研究做，与老师们一起走在教学研究的路上。

## 三、教学指导首先是对教学思想的引导

一所学校的教学，以什么为重、什么为轻，什么为主、什么为次的价值选择，直接决定着学校的教学走向。校长在领导教育教学时，一定要正确把握教学改革发展的走向，深入了解本地区、学校的教学现状，以形成自己的教学思想，并善于把自己的思想变成大家的思想，让思想在每个教学人员的教学行为中生根。它主要包括质量观、学生观、教学观。

质量观是对学校教学质量的基本看法，回答什么是教学质量的问题。教学质量是学生取得较高的考试成绩，还是更多的学生进入名校就读，还是更多的学生在高级别的比赛中取得优异的成绩，还是学生生动活泼、可持续地发展？有什么样的质量观，就有什么样的质量评价体系，也就会引导出什么样的教学行为。当前，

在课程改革如火如荼地推进之际,在素质教育呼声日趋高涨之际,校长的质量观领导显得尤为必要与迫切。江苏省邗江中学徐金才校长一直坚守全面质量观,追求全面素质发展的教学质量:学习性质量——为学生的终身学习奠基;发展性质量——为学生的终身发展奠基;生命性质量——为学生的终身幸福奠基。在全面质量观的基础上,徐校长提出了"合道德"的教学思想和"道德课堂"的实践模式。他说:"教学是以牺牲学生的健康、自主、人格、生命为代价去换取考试分数,换取高升学率吗?我们的教学管理过程存在道德问题。""建立在'合规律'、'合科学'基础上的'合道德'的教学,应该是闪耀人性光辉的教学,是以学生发展为本的教学,是为了每一个学生成功的教学。""'道德课堂'不是不要文化成绩,也不是不要升学率,而是研究用'合道德'的方式,让学生在充满尊重、关怀、民主、和谐的环境中,在身心健康、人格健康、精神自由、生命自主的学习过程中,取得好的文化成绩,把学生'明天的幸福'与'今天的健康成长'有效地统一起来。"①

学生观是对学生的一个基本的假设,这决定了教学人员会以怎样的眼光和态度,对待学生的学习。而学生是学习的主体,师生基于学生观的教学交往,直接影响着教学的效能。蔡林森校长面对学校"在1982年以前,洋思中学的学生没有一个能考上高中,参加中考也没有一个学生的数学能考及格"的实际,大胆地提出"没有教不好的学生",并具体解释为:"这里的'好'并不是统一标准,用一把尺子,搞一刀切,不是让差生也考上北大、清华,

---

① 徐金才、何云峰主编:《道德课堂》,南京师范大学出版社2005年12月第1版,第3—6页。

而是指每个学生尽管基础有差异,但经过教育,都能在原有基础上有明显的进步。进步了就是好,家长就会满意。同时,这个'好'不仅包括学习成绩的提高,还包括养成良好的习惯、自身素质提高等多方面。"蔡校长不仅提出来了,而且把"没有教不好的学生"醒目地写在教学楼上,并表现在洋思中学的教育、教学行为上,他们不分快慢班,对待学生一视同仁;不让一个学生辍学;教师上课的起点是后进生,重点也是后进生;课堂回答、演练、作业批改等都"优待"后进生。我们完全有理由说,洋思现象是以"没有教不好的学生"为奠基的。

教学观是对教学活动的基本认识,回答什么是"好教学"的问题。对于什么样的教学是"好教学",可谓仁者见仁,智者见智。面对纷繁复杂的观点,教师或者无所适从,糊里糊涂;或者盲目跟风,不求甚解;或者手口不一,行为依旧……校长作为学校教学的领军人物,必须明确自己的主张,并以之指导全校教学。校长的主张应该是与时俱进的,是宏观的,比较长久的。如南京北京东路小学孙双金校长提出了"情智教学"。他认为在教学中不仅要重视知识的传授以及学生智能的开发,还要重视学生情商的培养;要重视学生学习动机的确立、兴趣的激发;教学中既要重视智慧技能又要重视情感技能的培养,要磨炼学生的意志,培养高尚的品格,追求"小脸通红,小眼发光,小手直举,小嘴常开"的状态。校长的主张也应该是基于学校的,是针对当下的,也是针对某一个方面的。2004学年初,他发现学校许多老师在所谓课程综合化的影响之下,课堂教学目标模糊,课堂教学效率低下。因此在全校提出了"走向本原教学"的主张,提出好的教学必须是尊重学科特性与规律的教学。学校迅速掀起了"本原教学"的研究热潮,或作沙龙研讨,或作课例研讨,或作理论探索,或年级部研究，或结伴讨论，或自我反思，教师们在研究中逐步向本原教学迈进。

## 四、教学指导的重点在对课堂教学的指导

任何教育教学的改革，只有也必须在课堂上得到落实，才可能走向成功；任何教育教学成绩的取得，只有也必须依靠课堂教学。

校长对课堂教学的指导力，首先体现在校长听课、评课上。校长深入课堂教学第一线，通过听课、评课，能够摸清课堂教学的真实情况，从而分析学校教学的动态，抓住主要矛盾，研究如何改革教学过程和教学方法。当然，校长听课不同于教导主任或同行听课，校长听课、评课的着眼点应该是学校的发展。着眼于学校发展的听课、评课，对课堂教学的归因要作调整，不是一味地从教师身上挖掘根源，而是从学校的角度思考。着眼于学校发展的听课、评课，不是关注个别教师，而是关注教师成长的规律。着眼于学校发展的听课、评课，除了关注教师的专业知识、技能外，还要从教师的工作态度、职业情感、精神生活等多角度思考。着眼于学校发展的听课、评课，不是关注个别教学细节，而是关注普遍现象。着眼于学校发展的听课、评课，不仅从学科的角度思考，更多地应从教学论的角度思考，全面指导学校教学。

山东省茌平县杜朗口中学校长崔其升，在担任校长的前几年，为了找出学校教学质量低下的原因，每天坚持深入课堂听课，甚至创造了一整天穿插听课 20 节的记录。最后他终于找到了"癌病"的根源："课堂呈现的总体状况仍然是教师讲、学生听，一言堂、满堂灌"、"一切问题的症结都在于束缚了孩子"。因此，他大

胆对学校课堂教学进行"手术",创造了"10+35"的课堂教学模式。近9年来,他坚持每年都听课1000节以上,而且每周点评课堂教学情况。

校长对课堂教学的指导力,也体现在校长上课上。虽然这是颇有争议的,但我觉得校长上课,不失为加强教学指导力的好办法。不过,校长上课不同于普通教师上课。校长上课是一种姿态,课不一定要完美无缺,而是表明校长身先士卒,勇于探索。校长上课是一种研究,面对教学中的问题,究竟该如何解决,校长也需要尝试,这样才能把握正确的方向。校长上课是一种体验,听不如看,看不如做,校长如果仅仅坐而论道、纸上谈兵,就会脱离教学,脱离教师,丧失对教学的领导。校长上课是一种示范,对教育教学中的问题,最有效的办法,就是校长的示范。校长上课是一种超越,通过一种平等对话的方式,营造人人研究教学,人人都指导教学的学校文化。案例二中孙双金校长就是通过上课达到成功指导的。崔其升校长在改革之初,也是亲自上课给老师们作示范。

校长对课堂教学的指导力,还体现在校长为教师的课堂教学提供专业支持上。教师们在教学中,经常会遇到许多困惑与难题。教师的教学水平就是在这一次次问题解决的过程中提高的,教师的教学热情就是在一次次豁然开朗中提升的。这时,校长的教学指导力就体现在为教师的问题解决提供强有力的专业支持上。为教师提供强力专业支持,最便利的方法就是成立为学校教师专业发展提供支持的导师团。在这一点上,原江苏省海门市东洲小学许新海校长做得很好。许校长刚刚担任校长那几年,学校教师队伍太年轻——平均年龄24岁。怎么办?他想到了当时非常稀缺的导师资源——特级教师。恰逢南通市著名特级教师"五朵金花"

中有几位刚刚退休,如果能请到她们来学校担任顾问、指导青年教师,那该多好呀!于是"五朵金花"中的杨秀兰、张育新、亓浦香,海门地区的专家陈松坡、陶加芳……成为了东洲小学顾问团成员。他们的任务,是与学校选出来的好苗子结成师徒,每人重点培养7到8名青年教师。签订协议,每周一次,检查备课,听课、评课。这一方式一直坚持了10年,至今还在延续。不到10年,许新海和祝禧先后成长为特级教师,以他们为代表的一个骨干团队也逐渐形成。

类似于东洲小学的这种做法,并不是每个学校都有条件的。有关研究表明,教师获取教学实施的途径包括:自身的教学经验与反思(50.0%)、和同事的日常交流(33.0%)、教科书(19.4%)、有组织的专业活动(11.1%)、作为学生时的经验(5.6%)、在职培训(5.6%)、阅读专业书刊(5.6%)、职前培训(2.8%)。由此可见,除教师内在的专业自觉外,真正富有成效的对教师的支持是同事间的日常交流。所以,教研组、年级组应当成为教师最基本的、现实的、主要的学习型组织。校长必须从建立合作、反思的教研文化,激发教师的探究兴趣,建构良好的教师专业学习的生态场的角度,考虑学校教研组、年级组的建立问题,为教师的成长提供有力的专业支持。而不是将其定位在处于最底层一级的教学管理组织,被动接受上级的指令与督查。

## 五、教学指导关键在对教师业务研修的指导

教师是学校发展的第一动力,是学校教育教学的关键因素。有

怎样的教师队伍，就有怎样的教学水平。而教师教学水平的提升，很大程度上取决于教师是不是"把工作当学问做"，坚持在工作中研究，在研究中工作。因此，校长对学校校本研修的领导，是校长指导力的关键环节。校长要制定符合本校实际的教研制度和切实可行的研究方案制度，以实现研训一体化，形成良好的教研氛围；要尊重教师的生存与心理状态，为每一位教师创设研究、发展的机会、条件和空间；要注重学校年级组、教研组、备课组建设，着力优秀教研团队的建设。

江苏省海安县实验小学近年来一直坚持以共生的理念指导学校教师研修工作，取得了很好的效果。

学校认为，走向共生的教师研修追求个别化的研修规划，尊重处于不同发展阶段的教师的专业发展的需求，尊重不同类型与个性的教师的专业发展选择。所以，在制定教师校本研修规划时，在进行教师校本研修考核时，应充分尊重教师的自主选择。走向共生的教师研修追求生活化的教师研修趋向，不只盯着知识与技能，而是重视教师作为职业的工具价值，非常关注教师的生存状态、心理状态，采取恰当的研修方式，引导教师体验研修过程，分享研修的欢乐，形成积极的专业情意。学校鼓励教师写反思笔记，撰写教育教学经验总结、论文、课题研究报告，更鼓励老师们讲教育故事、教研故事。学校提倡教师读书，做读书笔记，更鼓励老师们藏书，要求教师"购书不求有用，藏书不求全读，读书不求全懂"。"读书应当求'气'不求'器'，气韵足了自有器"。但学校每周安排读书推介时间，让老师们把书中经典的思想、精妙的论断，把自己读书的喜怒哀乐、随笔断想和读书后的心得体会、实践反思等，与全校老师分享，从而营造一种良好的读书氛围，让老师们乐读书，读书乐。学校还鼓励教师自主进行教育教学研究，学校采用的是近于"无为而治"的管理方式，成果呈现可以是论文，也可以是教学展示，甚至可以是学生作业、作品等。学校每学期组织"未名教育家讲坛"，为教师展示、交流自己的研究搭建平台。

走向共生的教师研修追求卷入式的教师研修方式。学校领导总是站在全校的高度，力求以话题或课题研修的方式，构建基于实践与互动的教科研模块。他们始终参与老师们的研修活动和教研活动，通过梳理、分析，找准当前教育教学的矛盾焦点，然后进行理性提升，生成校本研究专题。然后，通过话题将教师卷入其中，努力形成教师问题解决的共同体，形成网状互动交流关系，从而达到发展教师、解决问题、提高效率的作用。近年来，学校先后组织过十多个主题的引领，始终把握着学校课堂教学发展的脉搏。例如"解析'有效教学'理念下的课堂追求"、"重视教学活动的整体反思"、"本原教学：教学改革的终结和回归"、"简约化：追求课堂有效教学的策略"、"凸现学科特点，净化教学流程"等。学校也非常注重研修场境的创设，借助于年级部管理凝聚力强、团队作战能力强的优势，整体联动，形成一种具有卷入吸引力的研究场境。用整体的研究氛围和场境"裹挟"老师入场，实现教师队伍的共同发展、整体优化。

## 六、教学指导要致力于文化浸润

校长的教学指导如果仅限于某课的指导。那是教学技术的指导。如果仅限于某师的指导，那是师徒的教学指导。如果让每一位老师都成为教学指导者，同时也接受着别人的指导，那就是文化的力量。

校长如何让所有人自觉而又感到一种必需的情况下，赞成校长的教学指导，同时又是校长的同盟者？这就要求校长不仅是能提出什么，更要有能力使之成为所有人的行动指南。自身的行为是一种示范，制度是一种约束。示范的力量是一种感召，响应的是一种自觉。制度的力量是一种强制，行为来自于服从，但仅有这些是不够的。文化是一种价值引领，是一种思想生成。一种价值，一种思想，需要特定的英雄、特定的仪式、特定的故事等来承载、表达、唤醒。当这种价值、思想被注入、被表达、被唤醒的时候，学校的每个人就都在接受着校长的教学指导，同时也是教学的指导者。

常州市局前街小学的李伟平校长就是一名成功的文化指导者。他刚任校长之初，就意识到名师的教育教学思想是学校精神记忆中最宝贵的财富。他发现学校的蒋纯老师是江苏省首批特级教师，一位具有全国性影响力的名师，是局前街小学曾经的"形象大使"。然而，对蒋纯老师的教学思想，大家都说不清楚。于是，李校长决定尽快开一个蒋纯老师的教育教学思想研讨会。果然，教育思想、教育理想依附到了具体的人身上，便充满了可观的力量，引起了广大老师们的共鸣。从此，局前街小学开完了名师研讨会，又组织了中青年教师的教学研讨会，下一步还要召开骨干教师的教学思想研讨会。在这一个个研讨会之中，李校长的教学指导悄悄地进行着，他通过思想研讨会的形式，孵化着学校的知识，然后把知识管理固化下来，文化因此生成。

# 案例及评析

## 1. 校长站在教学改革的最前沿

没有教不好的学生，这是蔡林森最根本的信念，也是支撑整个洋思教育的信念。蔡林森说，相信每个孩子都能教好是前提，是根本。只有相信这一点，才能做到这一点。对差生的信任，更是整个教育的基础，也是整个学校发展的根基。对此，蔡林森有过一段精辟的话："教优秀学生谁不会？洋思就是要把那些别人认为教不好的学生教好，这才是为教育尽义务，这才是真正为教育寻找必要的规律……只有在转化差生上找到一套有效的方法并切实地去做，基础教育的任务才算完成了。"蔡林森凭着多年教育经验提出这一思想并在实践中加以检验，获得了极大的成功。

实际上，蔡林森是用一系列思想和方法维系这一信念的。在学校里，蔡林森经常向教师们传达这样的思想："有爱才有教育。教师应该像爱护自己的孩子一样爱护学生。我们的教学可以有许多次，今年教不好还有明年，但每个学生只有一次机会，家长们也只有一两个孩子，他们在我们这里学不好，可能就再也没有机会了。因此，我们要为每一个孩子负责，要为每一个家长负责。"凭着自己多年的教学经验，蔡林森深信学生不是教出来的，而是学出来的。教师进课堂的任务不是去讲，而是组织学生去学；学生学会了，教学任务才真正完成了。教师只是学生学习快车道上的"引桥"和"路标"，其作用就在于把学生引上桥，在必要的时候指引一下方向，把离轨的车拉回来。教师绝不能做拉车的老牛，而应该做给汽车安装发动机的机械师。

正是凭着这些理想和信念，蔡林森把洋思中学建设成了一个基础教育的模范基地。他率先提出了"先学后教、当堂训练"的教学模式，让学生在课堂上先自学并检测结果，然后让教师讲，讲的过程主要是引导学生相互矫正、互帮互助。由此，整个课堂形成了"自学—检测—矫正—练习"的循环过程，而整个教育过程旨在形成学生的"自助"特征——自己帮助自己，学生帮助学生。这种思想充分体现了让学生"自主—自律—自助—自动"的学习精神，它让学生获得的是能力，是习惯，是自信，是乐趣，是自立。

与一些学校"先成名后成功"的发展道路不同，蔡林森和他的学校走出的是一条扎扎实实的"先成功再成名"的道路。与一般行政性领导不同，蔡林森走的也是一条扎扎实实的"由专业化教师到名校长"的发展道路。作为一个有理想的改革者和优秀的教学人员，蔡林森一直处于教学改革的最前沿，与教师们一起探索教学改革策略、方法等，以自己灵敏的思维和丰富的教学经验为改革寻找新的突破口，以解决改革中遇到的各种问题。作为一个管理者，他尽量从各个方面为改革创造有利条件：发动改革，顶住外来的压力，为教师提供安全的心理环境和改革空间；及时抓住问题，指引方向；制定各种奖励措施，鼓励教师热情工作等等。可以说，正是"课堂教学改革的参与者和管理者"的双重身份让他能够把管理与教学改革紧密地联系起来，做到管理为改革服务。①

（南京航空航天大学高教所　毛景焕）

---

① 王铁军主编：《名校长名教师集体性个案研究》，江苏人民出版社2007年12月第1版，第121—126页。

## 2. 与老师同上一堂课

一天上午，我随堂听小吴老师的语文课。小吴老师课前准备得很充分，教学时思路清晰，教学步骤环环相扣，教学流程自然流畅。但是我始终觉得学生学习的情绪没有被充分调动起来，课堂上似乎教师牵引得太多，并没有真正地把读书、思考的权利还给学生。我一边听一边思考：假如这篇文章让我来上，我该怎么上呢？

下课后，老师们纷纷回到办公室。小吴老师主动迎上来："孙校长，您给我指导指导。我上得不太好。"若在平时，我就会坐下来，或者叫小吴老师到小会议室，就她今天的课一二三四地给予评点。但我转念一想：只在办公室评讲，是坐而论道，是隔靴搔痒，纸上谈兵。何不就这篇课文，我马上去另外的班级上一下，然后请三年级全体教师就小吴老师上的课和我上的课展开讨论呢？这样的评课不是更直观、更生动、更有效吗？主意已定，我对小吴说："我马上借三（4）班上《拉萨的天空》，请你和三年级全体语文老师去听课。""是吗？那太好了。"小吴老师兴奋得跳了起来。

听说校长要上课，其他教师也纷纷赶到了三（4）班教室。我这堂即兴课安排了这么几个环节：一是让学生猜老师板书的秘密。我用白粉笔把"拉萨"两字写得较大，把"的"字写得较小，用蓝色粉笔写"天空"两字。二是让学生到室外观察南京城的天空，回到教室用一两句话描述。三是以读代讲，抓住比喻句让学生展开想象，练习口语表达。四是用竞赛方法让学生当堂背诵精彩片段。五是扣住"神往"一词。这节课上，学生兴趣盎然，兴致勃勃，下课铃响了之后仍不愿散去。

下课铃一响，三年级全体语文老师全都兴奋起来，对我和小吴老师这两堂课情不自禁地议论起来。小吴老师更是兴奋得脸上发光："孙校长，您这堂课上得太好了，对我启发太大了。"我笑着对小吴说："不用忙着夸我，走，我们到会议室一起商讨一下这两堂课。"

到了会议室，小吴老师和我分别说了各自教学的指导思想，然后老师们七嘴八舌地对这两堂课评头论足。有老师说，小吴老师的课教学思路清晰，教学重点也比较突出，但太关注教师的教，很少关注学生的学。有老师说，《拉萨的天空》是一篇写景散文，语言优美，但比较难教，小吴老师过分重视语言分析，而忽视了对语言的感悟和诵读。有老师说，孙校长今天的课之所以成功，是因为校长关注了学生的学习体验，让学生先观察南京的天空，然后再学习拉萨的天空；学生有了生活体验，有比较，情感就容易投入。有老师说，孙校长今天借班上课的意义不仅在于上了一堂成功的课，更为重要的是一种引领，一次示范，一回碰撞。校长是老师，我希望孙校长多给我们上研究课、下水课和示范课。

作为师者之师，校长对于教师的成长负有义不容辞的责任。一般来说，校长对教师的专业引领，更多的是听课、评课，而校长在听课、评课的同时，也可以不落俗套，用与教师同上一堂课的方式来对教师进行专业引领，这能起到很好的效果。

（南京市北京东路小学校长　孙双金）

## | 案例评析 |

教学质量是学校生存和发展的基础。校长领导力，主要表现在对学校教学工作的领导，表现在对课堂教学的指导和驾驭。

学校教学质量在很大程度上取决于校长指导教学的高度和深度。这是"洋思现象"给我们的最重要的启示。蔡林森校长，无论是在洋思中学，还是在如今的河南沁阳的永威学校，他都坚定地相信"学生都是能教好的"，始终把精力放在课堂教学改革上，抢占教学指导的"制高点"。正是坚定不移的信念和坚持课堂教学改革的实际行为，缔造了洋思中学、永威学校的神话。蔡林森真正是课堂教学的领导者。

孙双金是南京名校的校长，是著名的语文特级教师。他与老师同上一堂课，胜过若干遍的坐而论道，为课堂教学发挥了一种真切而实在的引领、示范作用，更有效地成为了教学指导者。这不仅体现了孙双金校长驾驭、领导课堂教学的勇气和胆量，而且充分展现了深厚的教学功底和指导教学的创新精神。

我们不可能要求所有校长都"与老师同上一堂课"，但是每一位校长都应当深入课堂，与老师们一道研究教学中的问题，成为教学共同体中的一员，从而取得指导课堂教学的发言权。

## 向优秀校长推荐的书

1. 湖南教育编辑部编：《苏霍姆林斯基教育思想概述》，湖南教育出版社1983年9月第1版。

2. 顾明远、孟繁华主编：《国际教育新理念》，海南出版社2001年10月第1版。

3. 〔美〕Elaine k. McEwan 著，吴艳艳、陈伟嘉译：《卓越校

长的 7 个习惯》，华东师范大学出版社 2007 年 9 月第 1 版。

4. 〔美〕Alan M. Blankstein 著，林玲等译：《创建优质学校的 6 个原则》，华东师范大学出版社 2007 年 10 月第 1 版。

5. 谌启标、余文森等编著：《新课程与学校管理创新校长读本》，福建教育出版社 2004 年 9 月第 1 版。

| 第八章 |

# 钝感力修炼
## —— 难得糊涂敛锐气

欲刚必以柔守之，欲强必以弱保之。

——老　子

钝感虽然有时给人以迟钝、木讷的负面印象，但钝感力却是我们赢得美好生活的手段和智慧。

——〔日〕渡边淳一

一个人若想平平安安地活在世上，就必须时刻牢记，该低头时就低头，要学会能伸能屈。

——〔美〕富兰克林

做人不可没有骨气，但做事不可总仰着高贵的头。

——〔美〕富兰克林

# 一、钝感力是现代校长的一种生存智慧和力量

"钝感力"一词出自日本著名作家渡边淳一。2007年2月，渡边淳一的最新主题散文集《钝感力》正式出版，书中用了很多例子讲述"钝感力"做为人的处世态度的成功性。该书出版后多次再版，连续数周高居日本畅销书排行榜首位。"钝感力"一词也被日本社会各界及各类媒体广泛引用。

按照渡边淳一的解释，"钝感力"可直译为"迟钝的力量"，即能从容面对生活中的挫折和伤痛，坚定地朝着自己的方向前进，它是"赢得美好生活的手段和智慧"。"钝感"相对敏感而言更像一种大智若愚的生存智慧。"木秀于林，风必摧之。"作为一校之长，校长必定要承担来自各方面的压力甚至打击力，加之生活节奏的加快，如果对各种压力或打击力过于敏感，往往就容易受到伤害。而钝感型的校长虽给人以迟钝、木讷的负面印象，却不会轻易感到烦恼，不会轻易气馁，钝感力恰似一种不让自己受伤的力量。

俗话说："不痴不聋，难做家翁。"事实上，在许多取得成功的校长内心深处都隐藏着一种钝感力：只要自己心中的教育理想与信念坚定不移，"任尔东西南北风，咬定青山不放松"，他们对外界的各种压力或打击，"大事不糊涂，小事讲风格"、"得饶人处且饶人"，任何风浪都可以泰然处之。相反，如果一个校长凡事冒失莽撞，轻浮急躁，是什么事情也干不好的。有时，"慢一拍"也是成功的节奏。《孟子·公孙丑上》所讲的"揠苗助长"的故事，今天常用来比喻强求速成反而坏事的道理。总之，有时"欲速则

不达"，钝感也是现代校长的一种生存智慧与管理风格。

"所谓钝感，不是迟钝，而是对周围的一切排除干扰、勇往直前的态度。拥有迟钝而坚强的生活态度，就不会因为一些琐碎小事而产生情绪波动。"钝感力可以被解释成"有意义的感觉迟钝"。在校长的职场生态圈中，"钝"也是一种力量或者优势。钝者，讷于言敏于心。敏于心而钝于外，就是人们所期望的稳健型领导者。如果说敏感力是一种外在的洞察力，那么钝感力则是一种内在的坚持力。相对于洞察，坚持力是一种更持久的耐力与爆发力。这股迟钝的顽强意志，就是赖以生存的力量和优势。在职场生态圈中，有太多的聪明人，有太多的"见风使舵"者，某些时候有逆向而流的"钝"感，却更加能赢得别人的信服。日本小说家渡边淳一曾以自己的创作经历"现身说法"："当初还是文学新人的时候，经常遭编辑退稿，并受到严厉的批评。我对这些就很迟钝，只觉得对方不采用我的稿件是因为他没有欣赏能力。如果当时因过于敏感而消沉下去，也就不会再写小说了。"大凡在事业上取得成功的人士，其内心深处一定隐藏着一种钝感力。

虽然校长所处的职场是学校生态圈，不像商业职场那样存在残酷的优胜劣汰和激烈的斗争，但相互的竞争也是常态。因此，作为校长，保持一定的敏感度是必要的，但是更为重要的是对自己价值的内在认同，对目标实现的不变坚持，从而在努力过程中，有意识地去排除各种杂音与干扰。正是这种貌似"迟钝"的顽强意志使人能够突破重重障碍，步步向前，最终实现自己的生存和发展的梦想。

## 二、钝感力：现代校长的一种为人修养与品格

作为一种现代校长为人处世的态度及品格，相比激进、张扬、刚硬而言，钝感力使人更易在错综复杂的现代社会中生存，也更易取得成功，更易求得自身的心态平衡及与他人的和谐相处。

作为校长的一种个人修养，钝感更有助于低调做人。我国古代道家的创始人老子所推崇的人的最高本性应该是："上善若水。"天下最柔弱的东西是水，水没有硬度，没有形状，总是处万物之下，具有"善下其势"的谦逊与低调，但是以水来攻克坚强的东西，滴水可以穿石，洪水泛滥时高山丘陵为之崩垮，大树也能被连根拔起。我国传统文化不仅主张君子要修养其"虚怀若谷"、"海纳百川"的胸襟，甚至要修炼至"呆若木鸡"的境界，此为"王者之道"。究其实质，正是强调钝感力修养的重要性。钝感力赋予了"难得糊涂"、"以柔克刚"、"以退为守"、"以静制动"、"韬光养晦"、"后发制人"、"养精蓄锐"、"大器晚成"等词语以新风采与新内涵。事实上，"拙愚亦是大智大慧"、"退为钝之盾"，钝感力不是愚钝，更不是麻木不仁，而是"吹尽黄沙始得金"、"退后一步天地宽"的缓冲力，是后发制人的爆发力。而这种力量来自于个人的修养与品格。就这一意义上讲，钝感与缓慢亦是一种神圣的节奏。

大凡怀有宏图大志，想在更广阔的天地中成就一番事业的人，均应掌握钝感力这一人身修炼的工具，做一个"大智若愚"的开拓者。孔子讲过："刚、毅、木、讷近仁。"他认为，一个人如果能够做到刚强、质朴、谨慎，那就具备了接近仁的品德。其实这种

讷于言而敏于行的品格正是钝感力的另一种表现。人生在世，谨慎一些为好。正所谓"天不言自高，地不言自厚"、"有麝自来香，不用大风扬"。现代校长也概莫能外。

现代校长的钝感力不是天生的，而是来自于管理实践的锻炼和修养。比如，需要校长锻炼"耐性子"的能力。该迟钝的时候要迟钝，最多人家说你听觉上有问题。不便当场表露的时候没有必要急着去表露，这样钝感力就可以帮助你渡过难关。再如，需要校长锻炼"慢半拍"的能力。人要有敏感的反应，但行动时不必太敏感，特别是在重大决策前一定要冷静判断，想好了再行动也不迟。此外，还需要校长锻炼"答非所问"的能力。概括起来看，成功校长的钝感力素质的修养，来源于以下几方面的智慧与策略：

### （一）钝感力修炼之一：源自校长的自我认知与激励

首先，钝感力来源于明确的自我认知。钝感之所以让一个校长在复杂的竞争环境中胜出，重要原因之一就在于钝感的背后是强烈的自我认知力，或者称之为自信力。认知自己是困难的，但是能够正确而深刻地认知自己，无疑是一种出色的能力。许多成功的人共同拥有的素质之一就是：他们都清晰地知道自己的优势何在，自己能做什么，自己要往什么方向去。在这个浮华喧嚣的社会中，自我认知能力能够让一个人冷静分析自己与外部世界之间的关系，判断出自己的优势与劣势，从而找准自己的位置。由于自我认知而形成的钝感力是一种高度的智慧，可以让我们在充满压力与挑战的生涯中，在最失望、最困厄之时，依然能看到远方摇曳着的希望之灯，鼓励着我们不断努力，不断向前，最终抵达辉煌的终点。

其次，钝感力来源于不断的自我激励。职场生涯就像一场战斗，是一场不间断的、让人无喘息余地的追逐。在一次次胜利中间夹杂着许多次失败和拒绝，在喜悦、期待、得意与兴奋之中往往夹杂着恐惧和失望。不论身处什么样的境况，也不论遇到多少次挫折，对于拥有钝感力的人来说，他们始终相信：没有失败，只有暂时停止成功。一句话，世上有各种各样的人，千差万别在钝感力。钝感力，正是激励人们向崭新的领域挑战并能够获得成功的原动力。

### （二）钝感力修炼之二：源自校长的深度思考与慎独

常见一些新校长血气方刚、踌躇满志，上任伊始便大刀阔斧、雷厉风行地搞改革。然而，新官上任就放火的，成功者甚少失败者甚多。究其原因就在于新任校长往往缺乏"钝感力"的修养。具有钝感力的校长，总是先通过冷静、细致的观察与深思熟虑的思考，对学校管理的现状与问题有了清楚的把握，真正做到胸有成竹了，才会有所作为。他们一般总是靠做到"新官上任先拾柴后放火"，才取得成功的。这类成功校长的钝感力修养就来源于其对学校管理问题的长期的深度思考。我国传统文化所强调的"君子慎始"是冷静者的哲学。校长经常保持一种慎独品格和反思的精神是十分可贵的。成功者不应心急如焚，而应心静如水。主张新官上任先"拾柴"是为了更好地"放火"。当然，这与提倡校长要具有大胆开拓、勇于探索的精神并不矛盾。问题的关键是，开拓和探索必须建立在尊重实践与实事求是的基础上。成功校长不仅要"有胆"还要"有识"；不仅要"勇于"还要跟"善于"相结合。惟其如此，才能立于不败之地，不负师生员工的期望。

"慎独"讲究一种"悔悟制已"的功夫，这也是一种人生的大智慧。"悔"是人们内心深处的一种感觉，是良心发现之后的自我谴责，是叩问自身的一种心态，是趋吉避凶的重要前提，是道德力量的自觉回归。弥天的罪过，挡不过一个"悔"字；超群的智慧，敌不过一个"悟"字。"悔"、"悟"二字，是"去恶迁善之门，起死回生之路"。作为校长，在管理学校的过程中，难免会有决策失误或令自己后悔之举，如何在失败中以正确的心态对待失误，如何以宽恕的心态来面对过去的对手，赢得师生员工的理解和支持，"悔中求悟"是人生之法宝。反思的力量是无穷的。一个人只有善于从悔悟中觉醒，才会以新的热情、新的力量、新的乐趣去拥抱美好的明天。这是现代校长形成钝感力的明智选择。

### （三）钝感力修炼之三：源自校长"如理乱麻"的理性

论及校长的处理事务的能力标准，很多人主张处事的高效率，而钝感力修养切忌"快刀斩乱麻"。乱麻当"理"不当"斩"。乱麻的特征是矛盾多、头绪乱，常常是真真假假绞在一起，是是非非各执一端。在此种情况下挥刀一斩，结果一团乱麻倒成了两团乱麻，可谓越斩头绪越乱，越斩矛盾越多，正像"抽刀断水水更流"一样，"举刀斩麻麻更乱"。在学校管理的过程中，常常会有事情被校长"斩"错了，酿成了冤假错案，埋下了不幸的种子。有的师生员工感情被校长"斩"伤了，心头罩上了阴云，思想上结下了疙瘩，积下了怨气。校长当时"快刀"一斩，痛快一时，事后却要用几倍、十几倍乃至几十倍的时间与精力，去处理"斩乱麻"所留下的后遗症。其结果是"欲速则不达"。"斩乱麻"是感性行为，"理乱麻"是理性行为。"斩乱麻"动手，"理乱麻"动脑。"斩乱麻"靠敏感力，"理乱麻"靠钝感力。相对而言，"理乱麻"比"斩乱麻"要高明得多。而这种善"理乱麻"的钝感力的底蕴则是现代校长的文化、知识和智慧。

### （四）钝感力修炼之四：源自校长"急流勇退"的胆识

当一个校长正处于功高可居、春风得意之时，最容易盲目自信，被胜利和成功冲昏了头脑。因为功成名就历来是人生难处的关节，所以人贵有自知之明，如自知难以在急流中搏击奋进，不如急流勇退。人生变故，犹如环流；进退得宜，亦悦亦福；势盛则衰，物极必反，当退不退必受其乱。这就是人生的辩证法，是生活规律。因而我们在鲜花、掌声、功名面前不仅要知足，而且要知止，要有自知之明。在人生的风口浪尖上见好就收，并非悲观消极，放弃目标和追求，而是明智地退出矛盾的焦点，从而理智地掌握和操纵自身的前途和个人命运的发展。在现实社会中，作为一个学校的领导者勇敢地让出自己的位子，是为了让后来者脱颖而出。退却不是失败，所谓"失之东隅，收之桑榆"。高明的校长"急流勇退"，一定能开拓出一片"海阔凭鱼跃，天高任鸟飞"的新境界。

特别是在权衡进退得失的时候，校长一定要有清醒的头脑，做到适可而止，见好即收。正是：美酒饮至微醺处，好花看到半开时。急流勇进是一种勇敢，急流勇退是一种智慧。急流勇进固然很难，但急流勇退更加不易。能急流勇退者，实在是大勇大智者。

### （五）钝感力修炼之五：源自校长"难得糊涂"的清醒

学校管理纷繁复杂，校长，需要有"难得糊涂"的清醒。美国夏威夷大学一位心理学家指出，"有限度"的糊涂对于引发个人的创造力、事业成功，以及建立良好的人际关系等都有益处。实际上，不少成功的行政主管、科学家、艺术家乃至生活美满的家庭主妇，成功的重大因素之一便是"难得糊涂"。

"难得糊涂"是一种模糊的人生艺术。从认识角度看，客观世界既是模糊的又是不模糊的。现代模糊数学理论充分证明了这一点。模糊数学在自动控制、癌细胞识别、计算机诊断、能源规划、物理探矿、气象预报、环境保护、小麦亲本分类、河流分类、岩石分类、亲缘与遗传分类、地貌形态、心理模糊性测量等方面都得到了运用。模糊哲学也越来越被人们所认可，因为"模糊哲学"常常比"清楚哲学"更准确。因此，可以判断，主观世界"呆头"的人往往并不"呆脑"，反而对客观世界有着更清醒的认识。比如，达尔文学习数学呆头呆脑，研究生物却焕发灵光；爱迪生非常健忘，却精于发明；陈景润不谙于教学，却长于科研。世间许多"非常的成功"，是以"非常的呆拙的手段"达成的。在生活中，"得中求得"这是任何人都做得到的；真正重要的是"失中求得"，这需要智慧。

### （六）钝感力修炼之六：源自校长"大肚能忍"的大度

从一定意义上讲，能忍的大度和宁静的良好心态，就是一种钝感力。许多身遭厄运而能渡过难关者常常得益于忍。孔子之忍饥，颜子之忍贫，闵子之忍寒，淮阴之忍辱，张公之忍居，娄公之忍侮。历史上的"能忍"的为国之士，无不识大体，顾大局，以忍让求进取，以忍让利社稷。如果没有蔺相如的忍，就没有廉颇的醒悟自责；如果没有韩信胯下之辱的忍，就没有其后来的雄才大展。对校长而言，管理学校同样会遇到一些不顺，甚至会受到一些委屈。如何正确对待挫折，需要现代校长修养出一种"能忍"的大度，这也是一种钝感力的表现。学会原谅他人，学会容忍他人，这是产生钝感力的原点。大度即钝感。

当学校管理工作中遇到挫折，或被师生员工误解，或被上级错怪，或身遭厄运、难以自拔时，只要想到"否极泰来终可待"，就一定会心定则神安，神安则气升，气升则力壮，就能化解心头冻结的冰霜，就能迸发出心底埋藏的巨大潜力，增强"恒忍之心"，从而产生战胜厄运的信心和决心，做自己命运的舵手。

**（七）钝感力修炼之七：源自校长"后发制人"的韬略**

春秋时期，越王勾践"卧薪尝胆，三千越甲可吞吴"。魏晋时期，诸葛亮"淡泊以明志，宁静以致远"，静观天下之变，思考国家未来，获得成就其事业的深谋远虑和雄才大略。这些都是具有"后发制人"韬略的典型案例。春秋时期著名的"长勺之战"更充分说明了这一点。深具远谋的鲁国士人曹刿利用战场形势"彼竭我盈"的有利变化，以后发制人、敌疲再打的防御原则，指挥鲁军将士一鼓作气，击溃齐军。

对个体而言，性格的轻浮急躁和稳重冷静是相对立的。校长应切忌心气浮躁，越是复杂的学校管理问题，越需要校长沉着冷静地作出正确判断。为此，必须牢记"审慎析疑"的名言，需要培养沉着、稳重、冷静的气质和性格。无论是应对任何情况，都应该"三思而后行"。这种"后发制人"的韬略是钝感力修养的重要表现之一。

**（八）钝感力修炼之八：源自校长"以柔克刚"的睿智**

"柔"是中国古代道家所主张的养生之道。在中国传统文化中，孔子重仁，孟子重义，老子重柔，墨子重兼。中国道家的鼻祖老子，最早在《道德经》中提出了"欲刚必以柔守之，欲强必以弱保之"、"兵强则灭，木强则折，柔弱者生之徒，坚强者死之徒"。软绵绵的太极拳却能无敌于天下，这就是柔弱胜刚强的道理。将"柔"的理念演绎得出神入化的是"太极拳"。传说武当真人张三丰根据道教阴阳变化的道理，创立了以静制动、以柔克刚、后发制人的太极拳，其所形成的太极文化，就是"柔"的力量，也是钝感力的一种表现。

在学校管理中，也应该常常运用以柔克刚的方法。学校是个小社会，师生员工人与人之间不可避免会产生冲突，正确处理矛盾冲突的方法应该是理解和忍让。一旦发生矛盾冲突，即使对方没有道理，校长在处理时也要坚持以理服人，不要与其争高低。要学会留有情面，学会以柔克刚。如果校长与员工之间都是固执己见，以强对强，势必伤害彼此。大吵大闹固然痛快干脆，但是对自己的损害大大超过了一时的风光和快意，而迂回的、间接的、柔弱的方式完全也可以以理服人、达到目的，且不至于留下隐患。由此可见，"以柔克刚"的道理是非常有用的。然而，很少有人能掌握这一人生的智慧。老子曾叹息道，这种柔胜刚、弱胜强的现象，天下没有人不知道，但很少有人能从中得到启迪，从而真正认识到以柔克刚对人生的意义。相反，人们却常常自我表现、自以为是、自我夸耀、自称天下第一，"强梁者不得其死"。

总之，"柔"本身是一种钝感力，是一种成熟的标志，是一种处世的哲学，也是一种钝感的表现。校长应该正视它，弘扬它，运用它，将老子教诲世人的"以柔克刚"的处世之道运用于做人和学校管理方面，这就是一种钝感的睿智。

**（九）钝感力修炼之九：源自校长"厚积薄发"的积累**

作为一种修养，钝感力还强调一种"厚积薄发"的积累功夫。

水滴石穿，绳锯木断；集腋成裘，聚沙成塔。当量积累到一定程度事物就会发生质变。这一积累，首先是学校管理的知识和经验的日积月累。要成为一名专家型的校长，不仅要积累自己所研究的学校管理的专门知识，还要积累其他学科、其他专业的知识，因为任何知识之间都有内在的联系。学问和技能的积累，好比是一座金字塔，基础越广阔、深厚，其塔尖就越高。要想获得丰富的知识，掌握精湛的技艺，必须下大工夫，花大力气，就要像《礼记·中庸》所云："人一能之，己百之；人十能之，己千之。"厚积才能薄发，才能水到渠成。

总而言之，钝感力是现代校长必需修养的一种"迟钝的力量"。正如渡边淳一所说，这是一种可以为现代校长赢得美好生活的智慧和手段，是一种优秀的、利于校长更高生活质量的特质，是现代校长的一种自我保护能力。但它不等于迟钝，它不强调敏感、聪明的智慧，而是强调木讷、迟钝的智慧，强调的是面对困境时的一种耐力，是积极开朗、从容淡定的一种心态，是一种保护自己免受伤害的力量。钝感力，作为一种人生智慧，相比激进、张扬、刚硬、强势而言，更易在目前竞争激烈、节奏飞快、错综复杂的现代社会中生存，也更易取得成功，并同时求得自身内心的平衡，并和社会和谐相处。钝感力的底蕴是文化、知识、智慧。校长的钝感力来自于其自身的学识、修养及在管理学校中展示出的智慧和艺术。要练就钝感力需要校长不断地充实自己、开阔自己，厚积而薄发；需要积极开朗、平和豁达的心态面对矛盾和问题；需要在平凡的每一天每一件小事中修炼自己的精神境界。钝感力修炼是校长最终赢得职业幸福的一种手段和智慧。

# 案例及评析

## 1. 校长葫芦里面卖的什么药

王老师是个要强而脆弱的年轻女教师，住处距学校较远，上班经常迟到。一天早晨，王老师又因迟到被教务处李主任在例行检查时发现，再次受到严厉的批评。教务处李主任指责王老师是个"老油条"，经常迟到早退，目无校规校纪。而王老师认为教务李主任态度粗暴，对人有成见，不理解下属，没有同情心和人情味。两人吵得不可开交，弄得李主任气冲冲地跑到校长室去告状。而王老师则急得躲在办公室里哭泣。

老校长听完教务处李主任讲清事情的原委后，并没有理会李主任"立即处分王老师"的强烈要求，什么话都没有说，径直来到教师办公室王老师的位置前，微笑着拍拍王老师的肩，安慰了一番，然后请年级组长把王老师领到校园里面转了几转，散散心。校长根本没有再追究什么，就好像什么事也没发生一样。

王老师本以为会被校长狠批一通，结果是风平浪静，反而弄得她心里直敲鼓，不知校长葫芦里面卖的什么药。事实上，背地里，老校长和教务主任已经进行了悉心沟通，要求教务处不要提王老师的旧事，对王老师这样有个性的老师要多表扬、多鼓励，而且要照顾她路途较远的实际困难，在排课表时把王老师每天的第一节课调至第二节课。

后来，老校长在校园里每次遇到王老师时总不忘问一句：最近感觉怎么样？王老师总会兴奋地回答：很好啊，被主任表扬呢！快乐的回答透露出王老师内心重又洒满了阳光。一个老师走出心理的阴霾，需要时间，需要过程。作为校长，不妨放慢工作节奏，冷处理，放开手，"难得糊涂"一回，任其自然地发展下去。

## 2. 为什么改革得不到老师们的理解

刘校长原是某市重点中学的教导主任，物理学科教学骨干，市物理学科带头人，所带过的班级曾连续三届获得所在市高考各项考评的第一名，为学校争得过很多荣誉，他自己也获得了许多的奖励和荣誉称号。由于他工作踏实认真，积极肯干，办事公道讲原则，且年富力强，教学水平高，管理有魄力，加上他通过业余进修刚获得教育硕士学位，在师生中口碑很好，有良好的群众基础，在新一轮竞聘中被公推为学校一把手校长。"新官上任三把火。"刘校长也不例外，他铆足了劲，准备大干一场，以自己的学校管理业绩来报效组织的培养和全校师生的厚爱。

上任伊始，刘校长就大刀阔斧地进行校内管理体制的改革，加强了检查和考核力度，拉大奖励津贴发放的档距以更好地发挥奖勤罚懒的作用。然而，事与愿违。大会小会开了不下十次，但学校各部门的反应十分缓慢，所拿出的改革方案也相当粗糙，明显有消极怠工之嫌。刘校长心急如焚，心想，如果这样下去，不要说学校发展再上新台阶，就连以往取得的成绩也不一定保得住啊！于是，他决定拿自己的老根据地教务处和物理教研组开刀，要求他们先行拿出整改方案。哪里知道，自打他进驻教务处之日起，原先办公气氛生动活泼的教务处就变得死气沉沉，主任、副主任们总是借故跑开，不在办公室里面办公，这让刘校长觉得很孤立。更让他生气的是，一次他正巧走到物理教研组办公室前，听到里面传来他老同事教研组长张老师的声音："我说啊，这人不能当官，一当官就会变。不是吗，这老刘一当上校长就有架子了，做校长才几天啊，跟大伙的心就很远了，成天想着怎样变着法子来整大伙儿。我们被整得成天灰头土脸的对他有什么好处啊？现在连教务处那些以前成天紧跟着他干革命的几个老主任也在背后说他呢，说他过分张扬，想干还让他一个来兼教务主任，大家也懒得得罪人……"

听到这些非常不入耳的话，刘校长心里很不是滋味，立马折身回到校长办公室，端坐在办公桌前沉思良久：这到底是怎么回事啊？我刘某明明是为学校的发展而考虑的，又不是为了自己谋私利。这些人怎么把我的好心都当成驴肝肺呢？这次管理制度改革的力度是大了点，但是，如果改革成功了，学校事业发展了，大伙的福利改善了，这不应该是皆大欢喜、众望所归的事吗？为什么大家就不理解呢，而且是处处设障碍、个个作梗呢？自己的满腔热情和全身的投入，换来的却是如此尴尬的局面。对此，刘校长百思不得其解。

## | 案例评析 |

比较以上两个案例中校长的管理行为和效果，不难发现他们的区别主要在于校长是否具有高超的"钝感力"修养。在学校日常管理工作中，校长每天都要面对着全校师生员工，每一个师生员工又都是一个独特的个体。校长应该是全校师生的领跑者，在分享学校发展、师生成长的快乐与收获的同时，常常需要一种敏感度去随时关注师生员工的心理和行为，捕捉他们心理与行为方面的细微变化与偏失，以便及时予以疏导和纠正。同时，校长更需要练就一份"钝感力",能忍耐来自不同员工的"叛逆"与不恭。其实,校长不必太在意师生员工的每一次成与败、得与失;不必有太多说教,甚至训斥。特别是新任校长,忌犯工作"急躁病"。与其急于求成地想立马解决问题,不如暂且将问题搁置起来,收敛一下锐气,逐渐地淡化矛盾,大事化小,小事化了。对于学校管理工作中的一些非原则性问题应进行冷处理,"拖",也是一种工作艺术。

关于成功校长的素质与修养,人们的观点莫衷一是:有的说要能干有魄力,有的说要善于团结人有人格魅力,有的说要高瞻远瞩有远见,有的说要勤奋执著有追求。其实,任何事情都应辩证地看,校长管理风格雷厉风行,敢说敢当、有干劲有魄力,固然工作效率高,有利于工作的开展,但如果过分强调这种管理风格,有时也会适得其反。有时,学会"怀柔",适当地装点糊涂,收敛起自己的锐气,也不失为一种高超的管理艺术,往往能起到意想不到的效果。人们通过对众多校长的仔细考察,发现最优秀的校长往往不是最聪明的,也不一定是最能干的。但最优秀的校长都有一个共同点:他们对学校的环境洞察最深、理解最深、把握最到位,从而能够以最合适的状态及心境应对一切的变化。在与学校共同发展的过程中,他们无论是处于逆境、顺境,外界或上级的表扬或批评,都无法轻易动摇他们对于自己工作能力或自我价值的判断。很多时候,他们是学校同事眼中的顽固者,他们是上级眼中的反应迟钝者,但经过多次考验之后,这些"迟钝者",却往往以坚韧不拔的精神最终获得管理的成功,实现了自己的办学理想。这类校长貌似"迟钝者",对周遭事务不过于敏感,这种能力和修养,可称之为"钝感力修养"。"钝感力"不等于迟钝,它强调的是对困难境遇的一种忍耐力和坚持力，仍是一种积极向上的人生态度和智慧。

## 向优秀校长推荐的书

1. 〔日〕渡边淳一著，李迎跃译：《钝感力》，上海人民出版社 2008 年 4 月版。

2. 陶继新著：《治校之道——20 位名校长的智慧档案》，华东师范大学出版社 2007 年 3 月版。

3. 〔美〕Robert Ricken 著，金洪芹译：《校长的平衡艺术》，华东师范大学出版社 2008 年 6 月版。

| 第九章 |

# 学习力修炼
## ——勤奋刻苦厚底气

21世纪知识经济时代,判断一个人的价值不是看他拥有什么,而是看他知道什么以及他能学习什么。

——〔美〕克林顿

## 一、高学习力的校长是学校发展的时代呼唤

所谓学习力，是一个人、一个企业或一个组织学习的潜力、毅力和能力的综合体现。学会学习就是提升学习力，学习力是最本质的竞争力，是智慧管理、科学管理的原动力。智慧的本质就是学习，会学习，才是智能最本质的特征。校长管理的过程就是不断学习知识和更新知识的过程，是不断将所学知识应用于管理实践的过程，也是不断提高学习力的过程。学校是学习的场所，学校里的教师是一群知识型、智力型的群体。因此，成功校长的管理经验是实施智慧管理，而支撑智慧管理的是校长的学习力。

学习力由学习动力、学习态度、学习方法、学习效率、创新思维和创造能力等有机构成。而这些构成要素不是孤立存在的，而是相互叠加、互相促进、有机联系的整体。学习者自我学习、自我变革、自我超越、自我发展，螺旋式上升。可以这么说，学习力是一种学习的方式和解决问题的方法。是否积极主动地去学习，喜欢学些什么，学习的效果如何，都取决于你是否具有旺盛的学习动力。学习动力是学习力中最具有激情的一种能力，没有学习动力，就不会具备学习力。

校长，要努力成为一名教育家，关键要有对教育的独立见解，有对教育理想不悔的追求，这就是常说的教育理念。教育理念是指导校长教育行为的思想观念和精神追求。教育理念一旦形成，就会成为稳定的精神力量。要做一名优秀的校长，就必须更新观念，形成独特的办学理念、办学思想、办学特色、办学风格。校长先进的办学思想源于勤奋学习，源于文化的积累。因此，校长需

要不断地加强学习，勤于钻研；不断地吐故纳新，博闻强识；不断地总结经验，集思广益，真正做到用先进的办学理念统率人，用优秀的办学思想鼓舞人，用独特的办学特色吸引人。因此，不断增强学习力，是新形势和新课程对校长的要求。

决定学校前途和命运的是教育质量，而教育质量最终取决于教师，所以学校首先要做的工作是建立起一支稳定的、具有较高素质的教师队伍。有好教师，才有好的教育质量，才能使学生享受良好的教育。"一个好校长就是一所好学校。"

怎样的校长才是好校长呢？美国小学校长协会1986年列出了74项技能，1997年将之增加到96项。协会认为其中最重要的是文化力，包括学历、学习力和综合能力。从管理学角度来分析，校长影响力是指校长影响他人（个体的或群体的）行为的能力。借助各种影响力，校长可以影响他人的行为甚至思想，推动教育管理工作的展开与创新。实践证明，在学历、学习力和综合能力三项中，对教师发展影响最大的是学习力。校长的学习力直接影响教师的思想（含师德、教育思想）、业务水平等；校长的学习力引导着教师的专业发展，因此，学校要立足、要发展必须建立一支优秀的教师队伍，好教师必须有好校长的引导，好校长必须具有较高的学习力。

## 二、校长学习力修炼的理念与策略

### （一）学习力修炼之一：源自校长积极的学习动力储备

1. 要明确学习目标

有了明确的学习动机，才能使自己积极行动起来，被强迫学习的东西是不会保存在心里的。

校长最好每天都问自己一个问题：我为什么要学习？这个问题看似简单，实际上非常重要。如果一个人没有良好的学习动机，不明白做事的目的，就很难产生强大的内驱力。所以，校长不解决为什么学习的问题，看不到学习的必要性，就永远也不会具有学习的动力。校长若没有了学习的动机，就像汽车没有了燃料，是走不了多远的，他所管理的学校也不会得到很好的发展。

校长必须知道通过学习想得到什么东西。因为，成功的学习依赖于学习对你的重要性，如果你不能使学习变得很重要，如果你不能使学习变得有乐趣和有收获，你的学习将始终没有多少进展。

在学习中有一个清晰的目标，并为实现这个目标而学习的时候，学习就不再是讨厌的、与自己的事业与人生无关的负担了。这时，学习就成了有趣的、能够决定自己命运的最重要的事。只有这样，你的学习才是主动的、自觉的，而不是被迫的、压抑的。校长的学习目标应该与校长的教育理念、办学思想和办学目标紧密联系在一起，并在积极追求新的办学目标的过程中不断加以调整、完善，从而提升学习效益，提高理论、管理水平。

2. 要进行科学规划

确立目标与制订计划是学习规划的两个必不可少的内容。目标是前进的灯塔，计划是行动的方案。没有目标，所谓的计划就没有了明确的方向，你的学习活动就只能是随意的、盲目的，是没有任何效果的；没有计划，目标则只是一句空谈，没有任何实际意义。

目标和计划是通向快乐与成功的魔法钥匙。一个好的学习计划可以帮助你清楚地知道自己的学习是向哪个方向发展、应采取什么策略、制定什么措施、开始什么行动、如何安排时间、动用什么资源……从而减少学习的盲目性和随意性,使学习变得紧张而有序。一个适合自己的学习计划必须具备以下几个条件:明确的目标,达成的方法,清楚的阶段,每阶段都有具体的成效。

面对永恒变化的自然界,动物遵循着"适者生存"的法则,进化着,发展着。人类也是如此,我们必须不断学习,不断改变自己,主动地去适应社会,否则成功将无从谈起。时不我待,时不再来。所以,校长要珍惜时间,积极规划,勤奋学习,与时俱进,努力创造事业和生命的辉煌。

3. 要维持学习兴趣

学习兴趣是深入学习和成就事业的内在动力。如果只是为了学习而学习,就不可能成就自己的事业;有了兴趣然后调动自己最大的潜能,专心于一个目标,不论干什么,都能有所成就。可以说,兴趣是学习力中最充沛、最快乐、最美好、最活泼的品质。

如果一个人没有学习兴趣,世界上什么样的学习方法对他也是没有用的。兴趣是别人无法给予的,它是学习中必备的条件,它常常可以把非常枯燥的学习内容变成活泼、有趣的东西。正像雅克·玛丽泰恩在他的《教育向何处去》一书中所指出的那样:"学习的内容永远也不应当作为僵死的东西去消极地或机械地接受。这种僵死的知识只会使人的头脑变得呆板起来。相反地,学习的内容应当通过兴趣使之成为大脑的一部分,这会使大脑得到进一步的强化,就像扔进火炉中的木头,这块木头也会成为火焰,使炉火更旺。"

达尔文从小就对大自然充满了浓厚的兴趣,这种兴趣激发了他去探索大自然奥秘的极大热情。他开始到郊外收集各种动、植物,然后认真地制成标本。中学毕业后,达尔文应父亲的要求去了爱丁堡大学学习医学,因实在没兴趣而中断了学业,后来又转入剑桥大学学习神学。但达尔文仍然把大量的时间和精力花在了阅读生物学书籍和采集动、植物标本上。他曾在自传中回忆说："在剑桥的时候，没有一项工作比收集甲虫使我更为热心，更感兴趣了。"后来，也正是这种对生物学的强烈兴趣驱使他在1883年登上"贝格尔"号军舰，开始了举世闻名的环球考察，最终出版了他的巨著《物种起源》。从这里，我们可以看出，达尔文所取得的成就与他对生物学的浓厚兴趣是分不开的。

从某种意义上来说，兴趣是最好的老师，学习兴趣促进了学习成功，学习上的成功又会提高学习兴趣，这是良性循环。反之，对学习厌腻，学习必然失败，学习失败又会加重对学习的厌腻感，从而形成恶性循环。

学习兴趣是可以改变、可以培养的，具有很大的"可塑性"。德国大音乐家贝多芬，幼年时期对音乐并不是很感兴趣。他父亲聘请当时最有名的音乐家来教他钢琴和小提琴，同时经过他自己的刻苦努力，他才对音乐产生了兴趣，最终成为了举世闻名的音乐大师。

首先，如何培养学习兴趣呢？我们要搞清关于目前的学校管理和实践研究自己最需要什么，哪些信息可以使我产生兴趣，哪些信息令人感到厌烦。有意识地选择前者，排斥后者，是培养学习兴趣最基本的原则。具体说来：（1）新鲜的刺激比重复的刺激更容易使人兴奋。（2）生动形象的东西比平淡、抽象的有趣。（3）真实的东西比虚假、遥远的东西有趣。（4）学习内容的难度要与原有知识水平相适应。（5）学习内容与实际需要相适应。

4. 要保留一份好奇心

好奇心，是学习力中的重要力量，它为我们打开了认识自我和理解世界之门，并为我们的学习注入了无尽的活力。关于因好奇心而获得成功的例子可以举出很多，如：莱昂那多·达·芬奇、伊萨克·牛顿、约翰·沃尔夫冈·封·歌德、玛丽·居里以及帕布罗·毕加索等。历史学家让·鲁道夫称好奇心为"我最重要的原动力之一。它简直就是一台发动机，使我总想看到一切、听到一切"。

美国哈佛大学校长说得好：一个总是能提出为什么的人，是一个活着的人；而一个不再提出为什么的人，是一个活着的死人。对那些杰出人物进行调查研究的结果表明，除了好奇心，开放的心态也是他们的一个共同特征。因为，没有开放的心态，就会使自己充斥在恐惧和冷漠中，就会很快地将好奇心扼杀。

弗雷德里克·威斯特曾经做过一个叫做"思考、学习、忘却"的电视节目，并写了一本同名的书。他在这本书中将好奇心称作"完全是进行学习的基本欲望"及"所有高级动物都具有的、可以战胜对一切陌生事物的抗拒心态的欲望"。好奇心提高了经验的质量，使我们的眼界更宽了，经历更丰富了。

5. 要努力挖掘自己的学习潜能

潜能，是人人都有但又尚未被开发出来的巨大能量，是心中沉睡的智慧巨人，是学习力中最具有爆发威力的品质。只要能发掘出自身的潜能，人人都可以创造出学习的奇迹。

有些校长常常喜欢说"大环境影响"、"没有办法"、"我已经努力了"等等。这些带有明显"放弃"意味的字眼，当被用到学习中时，绝对是一大灾害。这种绝望式的字眼容易使人沮丧，驻步不前。

每个人都有潜在的学习能力，只要你有信心，你就成功了一半。要充分挖掘自身的潜能，就要充分地认识自我，大胆地相信自己，勇敢地挑战自己，热情地激励自己，坦然地面对挫折。

在学习中,你也可以给自己施加一些压力,让它来帮助你激发潜藏在自己身上的能量。哈佛商学院院长麦克阿瑟曾明确指出,"哈佛学生成功的原因,不在于他们曾在这里镀过金,而在于他们自己在给自己施加压力,他们在压力中使自己的能量得到了最大的发挥"。办人民满意的教育,创建一流的学校,不仅是一名好校长追求的目标,同样也是自我加压、负重奋进的动力。

## (二) 学习力修炼之二:源自校长学习观念的切实转变

胡锦涛总书记在全国组织工作会议上强调指出:"各级党组织都应该成为学习型组织,各级领导班子都应成为学习型团队,各级领导干部都应该成为学习的表率。"从总书记的讲话中,我们不难悟出:在当今科技飞速发展的时代,做学习型领导,建设学习型团队是十分重要的。在知识经济条件下,学校管理出现了很多变化,组织结构扁平化、管理人性化等等,这些变革无疑都是以学习为先导的。作为一校之魂的校长,只有树立终身学习的观念,不断提升自己的学习力,做学习型校长,并把学校这个生命的有机体建成学习型组织,才能使全体教师不断学习、不断超越、不断创新,进而促进学校可持续发展。

1. 要树立终身学习的观念

在科技信息、知识经济高速发展的今天,面对教育的快速发展,校长必须树立终身学习的观念。只有具有终身学习的愿望和内在动力,才能成为与时俱进的校长。

法国著名成人教育家保罗·朗格朗 1965 年在联合国教科文组织召开的成人教育会议上首次提出了"终身教育"的思想。他的"教育应以伴随人的一生而持续进行的方式来满足个人及社会要求"的观点,引起了世界范围内的强烈反响。终身学习是个人在一生中对学习永无止境的追求。校长必须把学习放在重要位置上，并积极带头学习，因为终身学习是新课程改革的需要，是时代发展的现实要求。知识经济时代是科技发展迅猛的时代，知识进步日新月异。一次"充电"终身"受用"的时代已经成为历史。正如美国福特汽车公司的首席技术专家路易斯·罗斯所指出的："对你的职业而言，知识就像鲜奶。奶盒上印有有效期，工程技术的有效期大约是三年，如果时间到了你还不更新所有的知识，你的职业生涯很快就会酸臭掉。"因此，在知识经济时代，学习将成为生存的第一需要。校长不仅自己要终身学习，还要引导教师、学生也要树立终身学习的理念，养成终身学习的习惯。学习是一种责任，学习是一种反思，学习是一种环境，学习是一种对话、一种互动，学习是一种生存能力。为适应未来社会的发展就要学会学习，在学习中做人，在学习中管理，在学习中成长，在学习中发展，在学习中创新，只有终身学习才能赢得终身发展。

2. 要养成终身学习的习惯

在《第五项修炼》一书中，圣吉提出21世纪是一个"学习型时代"，现在这个时代的特征已经非常明显。一个学工程的大学毕业生，他的知识"半衰期"只有5年，也就是说在大学里学过的东西，5年后一半就将过时。学工程的是这样，学其他专业的也是这样。所以，未来的正规教育，不仅提供专业教育，而且要培养出具有终身学习习惯和学习能力的人才。21世纪是个终身学习的世纪。校长首先要养成终身学习的习惯，要忙里偷闲多读书、多思考。其次校长要积极创建终身学习的环境，努力形成终身学习的风气，构建适应终身学习需要的学校教育体系。

3. 要努力建立学习型学校

建立学习型学校既是培养终身学习观念、养成终身学习习惯的保障,又是一种新的学校管理模式。我们校长对此要有清醒的认识,懂得学习型学校建立的重要性,坚持建立学习型学校。只有这样,学校才会得到不断发展,管理水平才会得到进一步提升。

学习型学校的建设几乎不需要经费投入,需要的只是工作方式的变革。学习型学校一旦建立,其效果是显而易见的,它是走向优质学校的关键。要建立学习型学校,校长可从以下几个方面进行积极探索:

(1)引导教师树立终身学习的理念,让教师切实体会到:"一时充电终身受用的时代已一去不返,信息时代就要时时处处学习。"

(2)制定学习制度,规定学习时间,纳入课表,排入日程。

(3)形成主动学习的核心队伍,以青年教师为主,用核心学习群体带动全校教师队伍。

(4)坚持逐周交流制度,引导教师进行积极反思,使其将学习的内容逐步内化为自己的思想。通过学习、交流和反思,进一步明确:没有反思的学习是无意义的学习,只有不断交流、反思,才能生成自己的东西,才能指导实践。

(5)以问题为本,努力形成研究氛围,让教师在对问题的研究中提高发现问题、研究问题、解决问题的能力。

### (三)学习力修炼之三:源自校长对学习路径的正确把握

**1. 必须学会读书**

读书是一个人精神成长的母乳,读书可以修身,读书可以养性。一个人的精神发育史实质上是一个人的阅读史;一个民族的精神境界,很大程度上取决于全民族的阅读水平。苏霍姆林斯基说"无限地相信书籍的力量"。读书是我们必须跨越的门槛。读书就是让自己的气质高贵起来；读书就是让自己有变化，而不是内心苍白得暗淡无光；读书就是让我们能顶天立地，读书给我们人生打下高雅的底色。

读书应从校长开始，校长应是读书人。校长要有良好的读书习惯，购书习惯，藏书习惯。校长的办公室和家里都应是书房。窦桂梅、高万祥等都是爱读书的校长，他们令人欣赏和钦佩。窦桂梅说"读书是我的'美容用品'"，高万祥喊出"培养中国的读书人"，并说"读书拯救自己"。校长读书，小而言之是提高个人修养、专业素质的需要，大而言之是师生进步、学校发展的保障。

读书如此重要，那我们的校长该读些什么书呢？对于不同类型的校长读什么书并不能提出一个统一的标准，但是只强调校长要读学校教育、管理科学、心理学等方面的书肯定是不够的。我觉得校长要读以下几类书：一是美学类书籍。校长要关注校园文化建设，对物质或物态化的美要有所了解，要有一定的色彩、造型、曲调、节奏等鉴赏的能力，还要了解环境和人的心理的关系，为师生构建优美的物态环境、和谐的人际环境。二是文学类书籍。要广读文学书籍，尤其是优美短小的散文。优美的文章会使校长的语言更生动，内涵更丰富，人格魅力更得到彰显。还有，经常读一些感人的文章，也可以使自己的情感得到合理的宣泄。三是专业书籍。校长要求得专业的发展，必须认真阅读专业书籍。校长要学会跳出教育看教育，所以读一些企业管理的书是必不可少的。还要读一些方法论方面的书、哲学方面的书，还有有关国家的方针、政策、教育发展史、教育学、学校管理、教育心理、教育经济等方面的书籍。四是学科教学类书籍。校长既是学科教学的指导者，又是学科教学的实践者。校长要了解各学科的特点，知识的体系，就要精读一门学科，略读其他教科书。当然，校长要了解学生的时尚,了解教师的时尚,还需要读一些时尚类的书籍。校长要读的书还有很多,在上面几类书中,每个校长所读各类书的比例也应该因个人的知识、阅历和水平的不同而不同。

2. 必须学会思考

柏拉图说:"思考是灵魂在同自己交谈。"① 学习是一种感悟,是一种体验、提升,更是一种思考。没有思考的学习是无意义的学习,学习必须经过自己头脑的思索,内化成自己的东西,才是真正的学习。

3. 要以问题学习为本

爱因斯坦说:"我没有什么特别的才能,不过喜欢寻根到底地追究问题罢了。"② 没有问题意识的学习是没有质量的,实现不了学习的目的。

一定要从研究的角度来从事学习、管理,以不断地发现问题、思考问题、研究问题、解决问题,养成问题即课题的意识,从而不断地增长自己的思考力、感悟力,不断地提炼新见解、新观点,从而全面提升自己的教育智慧和学术水平。

要及时解决相关问题,关注师生热点问题。校长要找准解决问题的切入点,要时刻把握问题的动向,寻求解决的方法,时刻关注学校的发展。

4. 要坚持在实践中学习

学习的目的是提高办学水平,提高教育教学质量。因此,学习必须要以实践为本,立足本校实际,解决当前应该解决的问题。

一要带头多读书、多学习,融入学习组织之中。要积极订阅报

---

① 田战省主编:《中国名人名言》,北方妇女儿童出版社 2008 年 1 月第 1 版,第 148 页。
② 杨栩编:《外国名人名言录》,新华出版社 1983 年 4 月第 1 版,第 43 页。

刊，努力从中汲取新理念和新经验，通过学习，提高自身素质。同时，校长还要从自身做起，率先垂范，加强学习和研究，为教师做好榜样，为学习型学校的建立打下坚实的基础。

二要深入实际多调查、多研究。平时要不断到学校各层面进行调查，通过调查了解学校的基本情况、校本教研情况；通过推门进班，深入课堂；通过现场参与，发现问题，和教师共同研究，制定改革策略，从而为教师的专业发展提供支持。

### 5. 要虚心向他人学习

独学而无友，则孤陋而寡闻。校长应虚心向他人学习，如向兄弟学校校长学习，学习他人成功的办学经验，取其之长补己之短，不断汲取营养，完善自己。

校长向他人学习必须"沉"下去，只有沉下去才会有收获。

要沉下去听课，细细品味。听课是学习的重要形式。在校长培训中，我们却看到一些"另类"现象：坐不住，心不静。课堂上，一会儿有人走动，一会儿有人外出接打电话，还有走出教室到了宿舍的。听课，只有深深地沉下去，用心去听，才能聆听到真谛；只有在经验的比较中，才能学习自己未曾掌握和学到的内容。要克服"相轻"和"似乎懂"的思想，要像学生一样用心去听，去品，才会嚼出味道来，有所收获；才能掌握指导教学的话语权。

要沉下去研讨，认真反思。在我们组织的学校管理案例研讨中，部分校长把研讨变成了拉家常，侃谈学校的奇闻轶事。反思上不深入，不能找出管理叙事、案例问题的症结及背后深奥的道理，往往说到哪算哪，打无准备之仗。这些都是研讨的大忌，更是学习的缺失。对于研讨，要沉下去用心对待。

### 6. 要做到学习与做人并重

学习，不仅是我们适应时代、适应工作的需要，而且也是提高一个人志趣的途径。知识远比权力更有力量，知识也远比财富更富有。权力受知识驾驭，权力才不会腐化；财富受知识支配，财富才会造福社会。我们常常看到，有些没知识的人获得了一点权力，常常有一副"小人得志"的神态，滥用权力，为己所用。也有些靠偶然机遇获得财富的人，常常忘乎所以，挥霍无度。一个普通人，如果注意学习，也会清贫而不寒酸，小康而不俗气。因此，学习是重要的，做人是更重要的。学业的长进，也应该是人生境界的提升。

校长要时刻不忘做人之本，努力加强自身修养，提高人生境界。在研究教育规律、增长学校管理技能的同时，也不要忘记研究社会，思考人生，特别是在当前这样一个重物质、轻精神，重经济、轻文化，人格的片面发展已经成为一个令人焦虑的问题的现代社会里，我们校长更应当自觉地加强道德人文修养，担当起为人的精神家园守望，为人的心灵呵护的君子责任；更应该坚定信念，耐得住寂寞，自觉抗拒物欲社会的侵扰，保持一颗纯正、健康的心灵。

### （四）学习力修炼之四：源自校长科学学习机制的构建

通过调查我们发现，我国中小学校长的学习机制存在"三个缺乏"：第一，缺乏有效的督学机制。我国的教育督导体制在学校教育教学管理中发挥了较大的作用，但却没有能够实质性地关注到学生学习之外的学习层面，比如校长的学习、教师的学习，结果造成教育督导中的"督学"缺位。第二，缺乏必要的学习激励机制。外在激励仍然是中小学校长学习的重要动力性因素之一。学校教育的评价与激励内涵近年来一直在扩展、在延伸、在深入，但遗憾的是在学习意识、学习行为、学习文化方面的激励评价机制仍然没有广泛、有效地建立起来。第三，缺乏常态的帮导机制。为了促进更广泛、更深入的交流学习，建立中小学校长群体之间或与教育专家圈之间的一种稳定的、长期的交流、分享、学习机制很有必要。加强学习促进制度的建构，可以提升中小学校长的学习意识、学习行动和学习效果。换言之，就是加强学习促进制度的建构可以极大地提升校长的学习力。

1. 应提倡校长培训"学分制"

在现实社会中，校长职务专业培训仍然是校长进行全面、系统学习的一个主要途径和重要方式。但是，中小学校长的构成比较多样，年龄跨度较大，思维方式各异，学历层次参差不齐，工作与学习的矛盾突出，学习时间得不到保障。研究生教育的学分制给我们提供了很好的借鉴。校长职务专业继续教育采用"学分制"具有这样一些优点：第一，学分制开放了校长学习的时间和空间，提高了校长参加学习的积极性和可能性，能充分发挥校长独立思考和深入研究的精神。第二，学分制采用目标管理模式，可以让校长事先明确学习内容、要求并可以自主安排学习活动，充分体现了校长的学习主体性。第三，学分制使校长注重提高学习的实际效果。第四，学分制在学习内涵上有了更为开放的可能，比如校长参与有关专家学者讲座、教育考察、专题研讨等活动以及校长外出讲课、讲学或公开发表论文专著等，都可认定学分。同时，这些本土化的讲座、报告和研讨等活动，更深入地体现出了校长学习的实效性。

2. 建构校长成长"导师制"

校长需要有经验的导师、名优校校长的提携帮带。如果我们能将大学教育中的导师制迁移到中小学校长的学习中来，形成一种区域性的校长交流互助机制，建设导师制架构下的校长成长工程，应该不失为一项非常有效的学习促进机制。

所谓中小学校长学习导师制,就是指中小学校长在专业发展过程中借助导师或导师组校长的指导,开展管理实践和学术性研究。这也是一种很好的行业自助模式。从宏观上讲,这一体制还能很好地激活城乡联动机制,激活强弱联动机制,为中小学校长的成长提供平台。

3. 推行校长成长"督学制"

明确学习目标,激发学习兴趣,储存学习动力是提升校长学习力的保障。但中小学校长这一群体的学习还是具有较强的功利性和明显的被动性,对部分校长而言,学习并没有带给他们愉悦,因此,建立一定的督学制度还是很有必要的。

我国现行教育督导制度严重缺乏对于学校教育者学习的督导,也缺乏对于学校学习文化的督导。教育"督学制"可以规定校长"定期述学",开展校长学习反思、学习分享活动等,还可以建立以促进学习为目的各种评先、评优、评模等激励机制。另外,"督学制"要通过督促教育行政部门、政府行为到位,为校长卸除过多的非教育性责任,为校长的学习赢得更多的时间和空间。

# 案例及评析

## 对两所农村小学学习力的调查

2006年,广州市白云区谢家庄小学校长温秋银对2所相距1千米的农村小学进行调研,他采用了调查法、访谈法、个案法等调查方式,下面是调研后整理的资料:

表（一）

| 时间 | 校长学历 | | 校长论文 | | 学校课题 | | 大专以上教师比率 | | 学生人数 | |
|---|---|---|---|---|---|---|---|---|---|---|
| | A校 | B校 | A校 | B校 | A校 | B校 | A校 | B校 | A校 | B校 |
| 1997年 | 中师 | 本科 | 0 | 区二等 | 0 | 0 | 15% | 25% | 680 | 710 |
| 2000年 | 中师 | 本科 | 0 | 0 | 0 | 0 | 22% | 63% | 452 | 691 |
| 2006年 | 中师 | 在读教育硕士 | 0 | 2篇省发表、2省三等、1区二等 | 0 | 1个区重点子课题、申报市课题 | 30% | 94% | 431 | 1216 |

从表（一）可以看出，A校校长的学历9年间一直保持中师学历，没有进修；而B校校长的学历9年间是从本科到就读教育硕士；A校校长9年间没有一篇论文获奖或发表，B校校长有3篇论文获奖、2篇文章在省级刊物发表。对比结论显而易见：A校校长的学习力较弱，B校校长的学习力在不断增强。

两所学校的发展情况也有明显差异，A校学生人数从680减至431，减少了249人；B校学生人数从710人增至1216人，增加了506人。从学生人数看，A校对学生的吸引力比不上B校，B校的办学质量得到了学生、家长和社会的认可。

学历是体现教师学习力较为重要的标志，两所学校教师的起点学历相差不大，但后期提高的幅度却不同：A校大专以上学历教师比率较低，B校大专以上学历教师比率较高。

表（二）

| 学校 | 校长校内听课节数（一学期） | 校长出外学习次数（一学期） | 教师校内听课节数20节以上（一学期） | 教师出外学习次数10次以上（一学期） |
|---|---|---|---|---|
| A 校 | 26 节 | 2 次 | 100% | 0% |
| B 校 | 23 节 | 22 次 | 100% | 50% |

随机抽听 5 节课，并以新课标为标准进行评价，结果如下：

表（三）

| 学校 | 优秀节数 |
|---|---|
| A 校 | 0 |
| B 校 | 4 |

表（二）、（三）中各项数据表明 A 校校长、教师较注重校内学习，与外界的教育信息的沟通较少，对新课标的学习不到位；而 B 校校长、教师既重视校内的培训，又注重走出去学习，基本把握了新课程的要求，专业水平在不断提高。

| 案例评析 |

以上对校长调查的项目虽然不代表其学习力的全部，但通过分析我们不难看出，校长的学习力与学校、教师的发展成正比，校长具有较高的学习力能引领教师专业成长，促进学校稳步发展。学习力是校长领导力之源。校长与教师肩负着振兴教育的重任。校长学习力是教育的希望所在。"一个好校长就是一所好学校。"好校长的标准中最突出的一点是较强的学习力。案例中的 A 校、B

校发展的事实也充分说明了这一点。校长的学习力关乎学校是否有特色，关乎学校办学水平的高低。

当今社会，人们最忙碌的事情是学习，最大的财富是学习力。人们在学习中获得知识，在学习中升华灵魂，在学习中创造财富，在学习中锻炼学习能力。我们必须是终身学习者。人的一生轨迹已由原来直线型的"求学——求知——求成功"变为循环式的"求学——求知——求成功"。知识立身，科技强身，应是我们的生存之道。比竞争对手学得更多一点、更快一点、更好一点，是我们取得成功的法宝。过去我们是为了掌握知识而学习；现在，我们深深感到，提高学习力比暂时掌握有限的知识更为重要。当代和未来的竞争，从某种意义上说，是学习力的竞争。

我们评价一个人在本质上是否具有竞争力，不是看这个人在学校时的成绩好坏，也不是看他的学历有多高，而是要看这个人有多强的学习力。这就像我们观察一棵大树的生长情况一样，不能只看到大树郁郁葱葱、果实累累的美好外表，因为无论有多么美的外表，如果大树的根已经烂掉，那么眼前的这些繁荣很快就会烟消云散。

## 向优秀校长推荐的书

1. 叶澜主编：《教师角色与教师发展新探》，教育科学出版社2001年10月第1版。

2. 陈玉琨著：《一流学校的建设》，华东师范大学出版社2008年7月第1版。

3. 王铁军等著：《校长学》，江苏教育出版社1993年11月第1版。

4. 童潇主编：《走向学习型社会——社会发展的第四级台阶》，上海三联书店2004年1月第1版。

5. 张声雄编著：《学习型组织的创建》，上海科学普及出版社2000年5月第1版。

| 第十章 |

# 创新力修炼
## —— 敢为人先显豪气

敢探未发明的新理，即是创造精神；敢入未开化的边疆，即是开辟精神。创造时，目光要深；开辟时，目光要远。

在教育界有胆量创造的人即是创造的教育家，有胆量开辟的人即是开辟的教育家，都是第一流的人物。

——陶行知

创新是一个民族的灵魂，是一个国家兴旺发达的不竭动力。

教育是知识创新、传播和应用的主要阵地，也是培育创新精神和创新人才的重要阵地，也是培育创新精神和创新人才的重要摇篮。

——江泽民

创造性是每个人所普遍具有的潜能，教育的功能就在于使这种潜在的可能转化为现实的存在，而人的创造性发展有赖于教育功能的发挥。

——鲁　洁

创造性可以由下面三个标准来测定：1. 周密性：构思的详细和推敲程度；2. 独特性：概念的独特性；3. 纯粹性：创造性思考的绝对量。

——张声雄

日日创新。

——日本索尼公司员工座右铭

## 一、创新是学校发展的不竭动力

学校是培养有创新精神、有创造力人才的基地。作为一校之长，校长就更应具有创新精神和创造力。校长要与时俱进，不断探索教育工作的新思路、新方法，应不因循守旧，不墨守成规，并引导全校教师转变观念，开拓进取、刻苦钻研，创造性地学习，创造性地思考，创造性地开展工作。

学校教育的使命需要校长提升创新力。美国学者阿依说，未来不是我们要去的地方，而是我们要去创造的地方。通向未来的路不是找到的，而是走出来的。走出这些道路的过程，既改变着走出这条道路的人，又改变着目的地。美国思科公司首席执行官钱伯斯在一次演讲中也指出，一个国家的教育系统，关系到这个国家构建面向未来的竞争力的基础。学校教育是面向未来的事业，是一种十分复杂的社会现象和社会活动，其目的不是创造某种物质产品和精神产品，而是按社会的需要培养人，塑造人。我国社会主义教育就是要把教育对象培养成为有理想、有道德、有文化、有纪律的德智体美等方面全面发展的社会主义事业的建设者和接班人。

学校教育是知识创新和应用的主要阵地，也是培育创新精神和创新人才的重要摇篮。教育对象是活生生的、实实在在的人，是知情意行的统一体。每个学生都有自己的个性特点，他们的志趣、爱好、性格、才能是千差万别的。可见，教育工作是一项长期、复杂、细致而又富有创造性的工作。要完成这样一项历史赋予的光荣伟大而又艰巨复杂的任务，必须有教育科学理论指导，要开展创造性的工作。

广大中小学校长在教育实践第一线，直接参与各种教育活动，直接接触学生和教师，必然会遇到各种各样的实际问题。校长应通过教育创新和教育改革，了解、分析、研究这些各种各样的教育现象和问题，逐步探索、揭示和掌握教育规律和特点。许多校长在教育工作中积累了丰富的教育、教学及管理经验，但由于缺乏教育科学理论的指导，缺乏创造性的探索和研究，因而不能把经验上升为理论。而个人的经验又带有很大的局限性，只能为少数人所接受。只有通过学习和研究，才能科学地总结经验，并使之提高、升华为理性认识，这样才具有比较普遍的指导意义。任何有经验的中小学校长，如果不提高教育理论素养，不开展创造性工作，其终生的经验也不能达到教育创新所达到的高度，要做好教育工作只能是一句空话。

课程改革需要广大校长勇于承担改革的责任，并提高课程领导能力和创新能力。继义务教育课程改革实施之后，普通高中课程改革实验已在全国逐步推开。课程改革是教育改革的核心，是学校发展的系统工程。从微观层面分析，课程集中反映了一所学校的教育教学水平，展示了学校的办学特色。可以说，有什么样的课程，就有什么样的学校特色。

学校特色主要是通过课程结构和校本课程来体现的。课程改革是一项长期而复杂的任务，是学校教育一场深刻的整体性变革。为了每一位学生的发展，为了我们的孩子有一个灿烂的青春年华，广大校长和教师任重道远，责无旁贷。广大校长与教师是课程改革的主导力量，是课程改革成功与否的关键。课程改革需要广大校长与教师的积极参与。新课程方案无论设计得多么完美，如果没有校长和教师去自觉、主动、创造性地实施，那只能是一纸空文，课程改革的目标就不可能达成。如果校长和教师对新课程方案的理念、精神没有领会，不但不能达到目标，相反会起南辕北辙的负效应、反作用。在课程改革中，教育者与受教育者都要成为课程改革能动的主体，成为新课程的主人。教育者不再是课程的简单执行者，而是开发新课程的创造力量。我国广大中小学校长面对新一轮课程改革的挑战，必须实现角色的转变。

第一，要成为国家课程标准的执行者。课程标准是一个国家为保证人才培养规格而作出的关于学习科目、范围和要求的文件，是一个国家对人才培养要求的体现，是人才培养规格在教学内容方面的具体化，是广大教育工作者从事教育教学工作的依据。作为课程与教学的领导者，校长首先要认真学习、领会和掌握课程标准，成为国家课程标准忠实的执行者和实践者。

第二，要成为传统课程的反思者和革新者。学会反思，学会系统思考，是现代校长必须具备的素质之一。现代校长也必须对我国传统课程进行深刻而全面的反思。反思越深刻，改革越深入。从课程的执行者和实施者转变为课程的反思者和革新者，是现代校长角色的重要转换。这标志着校长从课程的客体地位向主体地位转变。

第三，要成为校本课程的设计者和开发者。课程结构从单一国家课程转变为国家、地方、学校三级课程，这一重大变化提出了基础教育课程权力再分配的问题，即课程决策权力分享问题。这就使学校、使学校的校长和教师也获得了课程管理的自主权和专业地位，标志着学校教育民主化运动的深入推进，预示着课程教学领域一场静悄悄的革命已经到来。校长不仅应该自己带头去开发校本课程，更重要的是，要用自己的办学理念、教育思想、课程意识去影响、引领全体教职工，最大限度地调动教职工开发校本课程的积极性，组织教职员工开发、利用校内外教育资源，为他们提供一个创造性发挥智慧的空间。

第四，要成为三类课程的协调者和管理者。构建国家课程、地方课程、学校课程相结合的多样化的课程体系，是我国基础教育课程改革的目标和内容。它涉及课程管理政策与操作策略的政策，以三级课程管理体制代替原先单一课程管理体制。这赋予广大校长课程管理的责任，校长需要提高课程整合能力，以提高课程管理的科学性和有效性。

第五，要成为现代课程的研究者。在课程改革中，校长和教师一样，扮演了双重角色，既是行动者、改革者，又是研究者、探索者。课程改革实践呼唤着课程研究。课程改革实践向广大校长提出了一系列的研究课题，需要广大校长去深入研究，在行动中提高新课程实施的有效性，提高校长们课程研究、教学研究的能力。

校长在课程改革中的角色定位，归根到底就是课程教学的真正领导者。校长领导本校的课程、教学改革，既需要解放思想，更新观念，又需要耐得住寂寞，潜心、静心地执著追求，以改革的精神、创新的胆识、科学的态度，坚定不移地带领广大师生员工实施新课程，改革传统教学，走以素质教育为核心的内涵发展道路。

提高两支队伍专业化水平，也需要提升校长的创新力。为了适应深化教育改革、全面推动素质的要求，提高校长和教师的专业化水平已迫切地提到议事日程上来。素质教育不仅要求校长和教师要具有比较精深的学科专业知识和比较广博的基础知识，而且要有教育专业化的素养，要具有现代教育理论素养和创造性实施素质教育的能力。校长要熟谙教育规律，积极开展教育教学研究。教育科研是校长、教师专业化的必由之路，是中小学教育创新的具体表现。中小学教育科研是有目的、有计划地采用科学的态度和方法认识教育现象的特殊的认识活动,是系统地搜集和评价中小学教育信息的探索过程,总之,它是一种创造性的认识活动和实践活动。

创造性是一切科学研究的本质特征。所谓创造,就是运用已知信息生产出某种新颖、独特、有社会或个人价值的产品。这种"产品",可以是一种新观念、新设想、新理论,也可以是一项新工艺、新技术、新作品等思维成果的物化形态。中小学教育科研,就是探索中小学教育领域中的未知,发现新的规律,得出新的结论,同时创造出新的更科学的研究方法。中小学教育科研的任务,不是去复述前人已解决的问题,而是在接受前人成就的基础上,深入钻研,进入前人还没有进入或没有完全征服的领域,解决前人所没有解决或没有完全解决的问题。就是要通过教育科研,把人类对中小学教育问题的认识推向前进,以推进中小学教育改革和发展,同时也促进了广大校长和教师教育研究能力即创新教育能力的提高,从而促进他们专业化水平的提升。

江苏省如东县马塘中心小学是一所农村中心小学。多年来在曹玉兰校长引领下,以科研为先导,学校在20世纪80年代就提出"科研兴教、科研兴校、科研兴师"的口号,开展"课内外教育活动有机结合,促进学生全面、和谐、充分发展"的课题研究,形成了浓郁的教育科研氛围,学校教育教学质量不断提高,3名特级教师脱颖而出,青年教师茁壮成长。据统计,近些年,该校教师公开发表文章、论文3000多篇。省教育厅领导曾称赞这所学校为"苏北一枝花"。曹校长的成功告诉我们,一个成功校长,不仅需要踏实工作,兢兢业业,还要有积极进取、开拓创新的精神,应不因循守旧,应勇于创新,走教育科研之路。

科学管理学校,打造卓越的学校文化,提升办学品位,形成学校特色，需要提升校长创新力。当今学校管理已出现一系列新的发展走向和特点。

从学校管理走向学校领导。校长要成为学校发展的决策者和策划师，用战略的眼光对学校未来发展作前瞻性、长远性、全局性的思考和设计，描绘学校发展的蓝图；要从封闭式管理走向开放式管理。现代学校不是独立于社会的"孤岛"，不是"世外桃源"，而是与社会关系日益密切，学校办学与管理愈来愈依托于社会，需要社会的支持，要从粗放型、规模化管理走向精致化管理。工业化时代的学校管理注重学校规模与数量，追求标准化、统一化、批量"生产"学生；信息化时代更多注重人性化，倡导一种以人为中心的科学精神与人文精神相结合的精致化管理理念与模式。

从科学管理走向文化管理。科学管理是以制度、规则、规范为基础，而文化管理则是建立在学校文化基础之上，把软要素作为学校管理的中心环节的现代学校管理方式。它是以文化为基础，注重学校文化建设，并利用文化要素和文化资源实施调控的学校管理活动。文化管理是价值、理念的管理，具有价值性、思想性。文化管理是道德伦理的管理，注重学校道德领导，具有道德伦理性。文化管理是知识信息的管理，具有知识性、信息性。文化管理是以人为本的管理，把人的发展放在中心位置，具有人性化、个性化。文化管理是注重团体学习和经验分享的专业共同体的管理，具有合作性、分享性。文化管理是品牌、形象的管理，具有榜样性、示范性。文化管理是理性与非理性相结合的管理，具有整合性特征。广大中小学校长要顺应当代学校管理发展的走向，就必须在科学发展观指导下，坚持教育创新，不断提高自身和学校的创新力，加强学校文化建设，提高办学品位，打造学校特色，塑造和整合学校整体形象，以促进学校科学发展、和谐发展和可持续发展。

## 二、校长创新力是一种复合性、高层次的智慧能力

创新力是指创造新的事物的能力。新,就是前人没有回答、没有解决的问题,或者是没有完全回答、没有完全解决的问题。创新,就是一种创造活动,创造的本质特点就是"新",没有"新",也就无所谓创造了。创新,就是不因循守旧,不墨守成规,敢于打破旧框框,冲破老皇历,抛弃过时事物,提出以新见解、新原理、新方法。尼古拉·哥白尼敢于向教会权威挑战,提出以太阳为中心的宇宙新体系,摧毁了上帝创造世界的神话,这是自然科学界的创新。王安石主张"天变不足畏,祖宗不足法,人文不足恤",推进新法,进行政治、经济、军事等方面的变革。在解放思想、实事求是思想路线指引下,南京大学胡福明在20世纪70年代就提出"实践是检验真理的唯一标准"的观点,受到党中央的重视,推进了我国改革开放事业。这些都是社会领域的创新。《南京日报》2009年3月3日刊登了一篇文章,题为"修鞋小店也创新,皮鞋尖头改圆头"。说的是,中华路上一修鞋店倪师傅敏锐地把握住尖头皮鞋不再时兴,圆头鞋时尚卷土重来的机会,做起"尖改圆"的生意,收入大增。可见,创新无处不在,人人都可以创新,人人都具有创新的潜能。对于学校办学、学校管理来说,也有创新问题。目前,南京市一些学校进行校务委员会的试验研究,探索校长自主办学与民主参与的结合,这就是学校管理创新。

校长创新力是校长的多种智慧品质共同作用的结果。正如顾明远、孟繁华在《教育新理念》一书所指出的,创新能力是一种复杂的、高层次的智慧活动,它需要发散思维与复合思维的共同参

与，需要分析思维与顿悟思维的协同配合，需要抽象思维与形象思维的相互协调。心理学家关于个性与创造之间关系的研究表明，创新绝不仅仅是认识与智力的问题，而是关系到人的整体发展的问题。与创新相关程度高的个性品质包括对自己能力的自信、行动上的独立性、能较好地调控自己的情绪、成就动机水平高、善于自我激励、高度的挫折容忍能力、不盲从、喜欢用自己的观点判断问题、对事物有持久的探究欲、有幽默感等。马斯洛的研究也表明，创造性是健康人格的一个基本特征，人的基本需要满足越充分，人格越健康，就越富有创造性。

笔者主持的江苏省教育科学规划"十五"重大课题"名校长名教师成长机制与规律的整合研究"，课题组林建华教授用卡特尔16种人格因素对江苏省部分名校长进行测试，并把测试结果与常人、干部、一般校长的平均分进行比较，检验差异显著性高的项目有稳定性、恃强性、敢为性、敏感性、自律性、实验性等，检验差异显著性低于常人的项目有忧虑性、紧张性。稳定性高，说明名校长情绪稳定而成熟。恃强性高，说明名校长有主见，独立性、积极性高，能影响别人。敢为性高，说明名校长敢于冒险开拓，少有顾忌。敏感性高，说明名校长对社会环境的警觉、敏感，易受感动，爱好艺术，富于幻想。自律性高，说明名校长自律严谨，言行一致。实验性高，说明名校长自由激进，不拘泥于现实，对新的思想和行为有兴趣。幻想性高，说明名校长富于想象力和创造力。而忧虑性低，则说明名校长情绪安详、沉着，有自信心，不易动摇，有安全感，相信自己应付问题的能力。紧张性低，说明名校长平和宁静，心理平衡。

测试结果表明，江苏部分名校长的个性特质具有鲜明特征：（1）情绪稳定性强：镇定、稳重、低焦虑、冷静和自信。（2）开放敢为性强：不拘泥于现状，对新思想和行为有兴趣，奋发上进且勇于实践。（3）自律责任性强：知己知彼，自律严谨，言行一致，有计划，勇于负责。（4）社交影响力强：积极热情，有主见，能影响别人，处事果断，老练机智。（5）聪慧创造性强：富有想象力和悟性，概括性高，求新好奇，思维广阔。常州国际学校万小平校长说，"我要办中国最好的教育"；南京夫子庙小学程钢校长说，"我要让夫子庙小学发展得更好"；苏州实验小学徐天中校长说，"小学校要办大教育"；江苏教育学院附属中学华明友校长说，"我追求的是一种和谐的教育"……追求卓越，追求高远教育境界，走特色之路，是创新型校长共同为之奋斗的理想和目标。

创新力是创新型校长的核心素质，是创新型校长的基本特征。校长的创新力，最主要的包含以下几个方面：

### （一）创新意识和批判精神

要充分认识学校创新的意义。学校教育是面向未来的事业，学校的教育改革是一场深刻的整体改革。要完成培育、塑造一代新人的历史使命，必须同传统的、陈旧的教育理念、教育内容、教育方式方法决裂，在批判继承基础上构建新的教育体系，构建新的人才培养模式。没有创新意识和创新精神，校长就不可能带领师生员工完成时代赋予的神圣使命。创新型校长要有旺盛的求知欲、好奇心和探究品质，对于本职工作范围内以及周围生活中发生的一切都要有着较为敏锐的感触，有着正确、深刻的反思和丰富、活跃的联想。他们不满足于现成的经验和结论，敢于突破老的框框而另辟蹊径、标新立异，敢于发表可能会引起争论的观点，敢于坚持自己独特见解并形成与众不同的工作风格与特色。为了实现自己的教育主张和见解，他们有敢于冒险的精神，甚至不怕被孤立。著名教育专家李希贵在《学生第二》一书中针对当前课程改革中出现的某些现象，鲜明地提出了一个问题：当强调学生主体、学生中心的时候，我们应当把教师放在一个什么位置上？他认为，对一位校长或教育管理工作者来说，关注学生首先应该从关注我们的教师开始，因此，提出了"学生第二"的观点。这是很有见解的、很有创新的理念。我们的校长应当学习李希贵校长的"标新立异"的精神。

### （二）创新的心智模式

彼得·圣吉教授在《第五项修炼》一书中提出了现代人的五种修炼，其中之一就是改善心智模式。所谓心智模式是指由于过去的经历、习惯、知识素养、价值观点影响而形成的基本固定的思维认识方式和行为习惯。心智模式一旦形成，就使人自觉或不自觉地从某个固定的角度去认识和思考发生的问题，并用习惯的方式予以解决。任何人都有自己的特殊的心智模式。创新型校长当然也有其特殊的心智模式。

创新型校长的心智模式，首先表现为高层建瓴，有远见卓识。他们能掌握当代教育改革、学校管理最新的研究动态、发展走向、知识信息，并能在自己脑海中融会贯通，形成比较系统的认识和观点。在此基础上，他们能结合对学校优势和劣势的分析，规划学校发展蓝图，提出发展目标和发展定位。其次，表现为奋发向上的价值取向。他们追求学校成功、教师、学生成功以至校长自我成功，永不满足，奋发进取。有的学校借鉴企业"视今天为落后"的厂训，以此激励师生员工。第三，表现为创造性思维方式。与一般思维相比，创造性思维具有连动性，即由此及彼、由表及里的思维能力；具有独立性，即与别人、前人不同，独具慧眼，敢于对"司空见惯"或"完美无缺"的事物提出怀疑与挑战；具有多向性，善于从不同角度研究问题，寻求一个问题的答案；具有跨越性，即省略思维步骤，加大思维"前进跨度"，或摆脱事物"可现度"的限制，加大思维的"转换跨度"；具有综合性，善于概括，善于整合，善于系统化；具有突变性，即突然形成一种想法的思维能力，如急中生智、茅塞顿开。

### （三）健康、积极的心理素质

作为学校的管理者、领导者，创新型校长应具有健康、积极的心理素质，具有较高的心理成熟度。

#### 1. 自知与自信

自知，即自知之明。善于自知是校长创新力的重要特征，因为只有自知，才能准确判断自己的长处和短处，才能准确了解自己所处的地位，才能扬长避短，充分发挥自己的特长。没有自知的人，即使有创意的产生，也不能将其有效地付诸实践。自知是建立在自信基础之上的。光有自知没有自信，不可能有创新；光有自信没有自知，也不可能有成功的创新。自信是指对自己抱有充分信心，能保持足够的勇气。自知使校长能够把握自己，自信使其有持之以恒的动力。

#### 2. 情感和情绪

对于创新型校长来说，良好的情感和情绪表现为理智感、道德感、美感等。理智感是在追求真理的创新活动中所产生的情感体验。道德感是根据一定的社会道德行为准则、行为规范，在评价他人或自己的思想言行时所产生的一种情感，表现为一种强烈的社会责任感、使命感、成就感和胜任感。美感即审美快感。创新本身就是一种很有美感的事情。许多校长把自己的创新工作看作是一种追求至善至美的工作，看作是一种愉悦美的享受。

3. 意志和胆识

表现为在创新活动中的坚定性、果断性、顽强性、自制力、独立精神以及勇敢大胆、恪守纪律、坚持原则等。能按照自己坚定的目标，知难而进，不抛弃，不放弃。胆识是作出决断时的胆略气魄。学校创新是一种具有较大风险的事业，校长没有胆识，是很难顶住压力的，就会半途而废。

4. 宽容和忍耐

宽容是一种美德，也是一种智慧的艺术，它体现了创新型校长理智、自信的心理品质。对有过失的人要宽容，对反对过自己的人要宽容，对比自己能力强的人要宽容。

5. 平和、积极的心态

这是一个人心理成熟度的重要标志。心态决定命运，心态决定成功。拿破仑·希尔在《成功学全书》中概括、总结出了成功人士的十七条黄金定律，第一条就是积极的心态。

### （四）优秀的人格品质

优秀的人格品质是创新力的重要组成部分。创新力离不开优秀人格品质的养成。"品行不端则行为不轨"，没有良好的人格品质，是很难产生对社会、对他人有价值的创新行动的。从某种意义上说，优秀的人格品质是一个人创新与成功的源泉。创新型校长的人格品质，主要包括开拓进取精神、强烈的使命感与责任感、勤奋好学、刻苦钻研、乐观热情、诚实与机敏等。

## 三、校长创新力在校本实践中提升

### (一)解放思想,与时俱进,不断更新教育理念

校长是学校之魂,首先是办学思想之魂。提升校长创新力,首要的就是解放思想,与时俱进,不断更新教育观点,为学校改革与发展奠定坚实的思想基础。校长创新力的核心是思想理念的创新。没有思想就没有动力;没有创新的思想理念,就没有创新的动力。教育部副部长陈小娅在《新年寄语全国小学校长》一文中,深刻地论述了在科学发展观指导下,促进小学教育全面、协调、可持续和统筹兼顾发展,从"有学上"到实现"上好学",要求广大校长按照科学发展观要求"办好学"。她提出了认认真真办学、安安静静办学、扎扎实实办学的要求。还明确指出,"进一步提高校长的职业荣誉感","把最优秀的教育管理人才放到校长的岗位上","努力为校长开展工作创造更好的条件和更宽松的环境,把广大校长的积极性、主动性、创造性更加充分地发挥出来"。这就是希望广大校长能抢抓机遇,在科学发展观和党的全面发展教育方针指导下进一步解放思想,进一步确立以人为核心的素质教育理念,进一步地明确办学思路,坚定不移地推进素质教育,全面提高学生的思想道德素质、科学文化素质和健康素质,深化人才培养模式改革,着力培养学生的社会责任感、创新精神和实践能力,努力培养德智体美全面发展的社会主义建设者和接班人,办人民满意的教育。

解放思想,更新观念,在很大程度上取决于广大校长的思维素质的提高与思维方式的变革,取决于广大校长能否确立开放性的

创造性思维观念。开放才能创新，开放才能开拓，开放才有魄力，有胆识，有远见。开放，才敢于学习、吸引、借鉴国内外一切对学校发展有价值的思想和经验，取人之长，补我之短，用他人之力，兴我之校。开放，就要摒弃已有的保守、陈旧、无所作为的封闭式的思维观点，建立起开放性思维结构。正如系统科学所指出的，一个系统总是封闭的，就会自行走向死亡。开放的系统才是有序的，才是有活力的。我们的校长要把学校建设为一个开放的学习型组织，就必须确立开放性的创造性思维结构，不断把握机会，在开放中求生存、求发展、求创新。

### （二）"正合奇胜"，善于处理常规和非常规、继承与发展的关系

《孙子兵法·势篇》曰："凡战者，以正合，以奇胜。"意思是说，大凡作战，都是用正面的兵力挡敌，而以奇兵取胜的。"正"与"奇"是古代兵法中相辅相成的两种用兵方法。"正"是指用兵的常法，"奇"是指用兵的变法。在战争中，高明的指挥员都是能善于随机应变地利用奇正之策，出其不意地攻击敌人。

刘军在《中小学管理创新理论与实践》一书中，很有创意地把正合奇胜的策略运用到学校管理中。他认为，一个成功的校长应能驾驭奇正之变的策略。他既能娴熟地掌握"正"，也就是指导工作的一般规律的常规管理，又能灵活运用"奇"，也就是指导工作的特殊规律的非常规管理，善抓时机，乘势而行，达到正合奇胜的效果。

这里所说的常规管理与非常规管理，实际上就是管理规范与管理创新的关系。学校管理要讲究规范，没有规矩，无以成方圆。讲究规范，又不能一成不变，不能束缚人们的手脚。在常规管理基础上，又要提倡管理创新，变革那些不合时宜、束缚手脚的陈旧

规矩，以推进学校管理制度的改革。学校常规管理属于行政管理的范畴，是行政管理的一个重要形式，是通过规章、制度形式维护学校内部各方面的教育关系和教育秩序。其特点是注重管理的规范性、程序性和强制性。这就不可避免带来一些弊端，如强调管理工作的统一要求，容易产生"一刀切"、"齐步走"的毛病；又由于注重管理层次，会产生信息反馈缓慢、机构内部互相扯皮的现象。对于这些问题，需要通过管理创新来解决，在发挥常规管理效能的同时，使其在新的历史条件下更加完善，更加科学，更加合理，更富有人情味和民主性。常规管理并不是限制、压抑人的个性自由发展，而是促进人的个性根据社会发展的需要更主动、健康、充分地发展。

在学校发展中，还必须处理好继承与创新的关系。实行校长负责制之后，校长任期年限大大缩短。在这种背景下，一些学校在办学与管理中出现了这样一种值得注意的现象：为了追求学校工作的短期效应和教育业绩，往往是一任校长一个规划、一任校长一个策略，后任校长喜欢推翻前任校长的理念与做法，标新立异、另搞一套。这就提出了一个新问题，如何认识与处理学校文化继承与文化发展的关系。

任何一所学校的发展都存在着继承与创新、传承与发展的问题。学校发展需要继承，需要原有学校文化的基础，需要把学校的优良文化传统加以延续，而不能采取虚无主义的态度与做法。当然，学校更需要发展与创新，但是这种发展与创新不能脱离原有的文化基础、文化传统，否则学校就不能持续前进。学校文化的继承与发展应当是相辅相成的，而不是水火不相容的。成熟的、有远见的学校领导者，必定会尊重学校优良的文化传统，尊重学校历任领导者的辛勤劳动成果和文化传统的积淀，在此基础上引领学校走可持续发展的道路。不尊重学校文化传统的做法，实质上是一种急功近利的短视行为。原北京市十一学校李金初校长说得好，"办好学校不仅仅是管理好一所学校，应该是发展一所学校。任何一位校长的任期都是有限的，但学校的发展却可以成为无尽的长河。所以任何一任校长都是学校发展的无尽链条上的一个中间环节，起的都是承上启下的作用。任何一任校长都是在前任校长成就的基础上工作，又为后任校长打下工作的基础"。

### （三）强化教育科研意识，坚持校本研究

如前所述，中小学教育科研是一种创造性的认识活动和实践活动。创造性是一切科学研究的本质特征。提升校长创新力，就是要求广大校长增强教育科研意识，做教育科研的带头人。中小学教育科研是教育科学研究的一个特定领域。它具有教育科研的一般特点，又具有不同于高等院校和教育科研机构的自身研究特点。中小学校长要有效地开展教育科研，正确地解决教育实践和教育改革中出现的新任务和新课题，首先要对中小学教育科研进行科学定位。

1. 坚持以应用研究为主

按照研究的领域划分，教育科研可分为基础研究、应用研究和开发研究。基础研究也称基本理论研究，是以建立和发展理论体系，系统地阐述并检验各种假说、原理、法则为最终目标。基础研究往往是先有了某种设想或假说，然后通过研究找出其本质规律予以确立和验证。其成果一般表现为发现新领域、新规律，提出新学说、新理论、新观点。应用研究是运用教育基础理论知识，解决教育工作中实际问题的研究。这一概念包含两层意思：一是"应用"的是教育的基础理论知识，实质上就是基础理论研究的成

果；二是研究实际问题，产生实践效益。这两方面缺一不可。应用研究着重研究如何把教育科学理论知识转化为教育技能、方法和手段，是教育科学理论知识同实际教育、教学衔接起来，达到某种具体和预定的实际目标。也就是说，通过应用研究，直接解决教育、教学和教育改革中的实际问题。应用研究是对教育原理的尝试性应用，是教育理论和教育实际的承上启下的中间环节和桥梁。开发研究则是以为基础研究和应用研究的成果寻求更明确的、具体技术的表现形式为目的，以具有实施价值的规划、对策、方案、方法、程序等为成果。从一定意义上说，开发研究不是为了获得知识，而是展开知识，是将研究的成果与经验加以推广和普及。

中小学教育科研的主要目的、主要任务就是研究教育工作中急需解决的有价值的重要问题，为中小学教育、教学实践服务。它的研究对象主要是正在成长的青少年一代的教育问题，要概括青少年受教育的特点，研究和探索更科学、更合理的教育内容和方法，提高教育质量，促进青少年身心主动地生动活泼地发展。根据中小学教育科研的目标、任务以及自身特点，它应以应用研究为主，注重研究的实用性、可操作性、效益型和灵活性。它的目的在于直接为中小学教育改革服务，为教育教学工作服务，为提高教育质量服务。在教育实践中应可以直接操作和实施，并能直接产生实践效益。这种效益具有多样性，可以是教育效益、社会效益，也可以是经济效益。追求最大可能的效益，是衡量中小学教育科研成果的重要指标，因此，中小学教育科研是以应用研究为主的研究活动。

2. 坚持以微观研究为主

微观研究是对教育问题进行具体细微的研究，往往是针对某一个实际问题，例如语文情境教学研究、数学尝试教学研究、单亲家庭子女心理特点研究等。微观研究范围小，具有单一性、灵活性等特点。中观研究是介于宏观和微观研究之间的一种研究类型，它是在某一个范围内进行的综合性的教育科学研究。例如城市中小学整体改革、农村中小学布局调整研究、中小学校长负责制研究等。中小学教育科研，对一所学校的研究来说，主要还是以微观研究为主。学校校长应结合自身工作实际，开展校本课程、综合课程、活动课程、研究性学习课程等研究。此外，课堂教学模式、方法的研究，学校管理中校本管理与民主管理的研究、改进学校教育工作研究、心理健康教育研究、校本培训研究等，这些研究都是比较适合学校校长的。它们范围小，问题集中、明确，容易收到效果。强调中小学教育科研要以微观研究为主，但并不排斥宏观、中观的研究，不排斥有能力、有基础的中小学校长参与一些宏观课题的研究。

3. 坚持以教学研究为主

教学工作是全面贯彻教育方针，推进素质教育，实现培养目标的主阵地、主渠道，是学校的中心工作。一切学校工作都应以教学为主。从这一意义上说，中小学教育科研主要是一种教学研究。2001年发布的《国务院关于基础教育改革与发展的决定》也指出，"积极开展教育教学改革和教育科学研究。继续重视基础知识、基本技能的教学并关注情感、态度的培养；充分利用各种课程资源，培养学生收集、处理和利用信息的能力；开展研究性学习，培养学生提出问题、研究问题、解决问题的能力；鼓励合作学习，促进学生之间相互交流、共同发展，促进师生教学相长"。"广大教师要积极参加教学实验和教育科研"。可见，在现代社会里，教育改革已赋予广大校长和教师参与教育科研的责任，并要求结合教育教学实践工作开展科学研究，努力提高教学研究能力。

4. 坚持以行动研究为主

行动研究是近些年在一些国家流行的一种研究模式。它是从实际工作需要中寻求课题，在实际工作过程中进行研究，由实际工作者和研究者共同参与，使研究成果为实际工作者所理解、掌握和实施，从而达到解决实际问题、改善行为的目的。行为研究是参与者基于解决实际问题的需要，与专家学者或者研究组织中的成员共同合作所进行的系统的研究。中小学教育科研主要以行动研究为主，这是适用于广大中小学校长和教师的一种研究方法。与教育实验相比，行动研究不一定需要有理论假设，不需要严格控制变量，不需要对测量工具进行严格的检验。它便于中小学校长掌握和应用。教育实验在教育研究中受到很多的限制，对实验研究者的理论素养、统计分析技术提出了较高的要求，广大中小学校长往往难以胜任。正是针对教育实验难于普及推广的问题，行动研究应运而生。行动研究为广大校长参与教育科研提供了现实的可能性。它能够帮助校长改进工作的现状，提高教学水平和教学质量，是行之有效的教育科研方法。

5. 坚持以校本研究为主

校本研究是中小学教育科研的基本特征，它是密切结合学校工作实际，学校自行确定课题、自主设计计划与实施的一种教育研究活动。校本研究是以学校为本位、以学校为基础、以学校为阵地、以校长和教师为主体的研究活动。校本研究本身就是学校工作的一个组成部分，而不是游离于学校工作之外。校本研究的课题均来自学校自身工作实际，而不是外在的东西。在校本研究中，要造就一批校长、教师研究人员。校长、教师都是研究者，都要自觉地承担起教育研究的职能。校长是管理者，又是研究者。他们教师是教育者，又是研究者。他们都要扮演双重专业角色。校本研究的直接结果是学校工作实践的改进，而不是为研究而研究。其研究的出发点是学校工作中遇到的问题，归宿点便体现在学校面貌方面的改变、师生员工的发展。

上述校本研究的性质和特征，从某种意义上说，也就是中小学教育科研的性质和特点。广大校长、教师是校本研究的主体。这是现代社会中校长与教师角色的重大转换。在传统教育模式中，校长仅仅是个管理者、执行者的角色，教师则扮演了"教书匠"的角色。校本发展、校本研究理念的确立，引发了学校教育一场深刻的变革。它使校长、教师真正成为学校的主人，成为教育研究的主体，使他们真正得以按照学校工作和自身发展的需求来开展研究，对自身的教育教学工作进行认真的系统思考。

## （四）创建学校特色，办特色学校

所谓学校特色，是指管理者和教育者根据现代教育思想和本校独到的办学理念，从学校实际出发，在教育实践中努力挖掘、继承发扬并积极创造某一方面或某些方面的优势，所形成的有鲜明个性、独树一帜、成效显著的运行机制、办学风格和教育教学模式。

具体来说，它包括以下几个方面的含义：

学校特色体现了个性化的教育思想和办学理念。这一思想与理念是学校特色的灵魂。它是独到的、先进的，是其他学校所不具备的。没有先进的、独到的教育思想、办学理念的支撑，就难以形成学校特色。

学校特色是立足于本校，从本校实际出发，密切结合学校实际的产物。它体现了以学校为本位的校本发展的理念和策略。不从本校实际出发，就不可能形成办学特色和优势。

学校特色是在教育实践中努力挖掘、继承发扬并积极创造本校优势而形成的。一方面，要挖掘、继承、弘扬本校优势。成功的学校经过多年办学实践，都有自己的优势和传统，这是十分宝贵的财富，这是形成特色的基础。另一方面，又要积极主动地去创造优势，变劣势为优势。

学校特色必须是具有鲜明个性的，是独树一帜、与众不同的。学校特色化就是学校个性化，就是学校优质化。它包括运行机制、办学风格、教育教学模式等方面的优质化。

学校特色又是一个动态的概念。它不是一成不变的，是随着时代的变迁而变化，随着社会的发展而发展，具有动态性、发展性的特点。有的学校特色因它特有的生命力、丰厚的文化底蕴而长期保留、沿袭下来；有的可能会因不合时宜、不能体现时代精神和时代特点而被淘汰；有的则因教育改革与发展的需要而被赋予新的时代精神和内容。为此，学校特色只有不断创新，才可能保持鲜活的生命力，具有蓬勃的生机，实现可持续发展。否则，它就会逐渐失去自身的特色，或者就不成其为特色。同时，还应认识到，学校特色既可以通过挖掘、发扬优势而形成，也可以是从无到有，从缺乏特色向有鲜明特色转化，这就需要学校扬长避短，善于变劣势为优势。

创建学校特色，办特色学校，主要应抓好以下几个方面的工作：

确立学校有特色的办学思想。创建学校特色，其灵魂与核心是确立有特色的办学思想和办学理念。学校特色需要有特色的办学思想支撑。从某种意义上说，学校特色就是实践特色办学思想的结果，是特色办学思想付诸实践，转化为学校办学的行为和结果。

在发展规划中凸显特色创建工作。在经济全球化、技术日新月异、新的经营模式不断涌现以及信息交换过程发生根本性变革环境下，越来越多的企业逐渐认识到企业发展战略的重要性，并提出了企业战略的概念。美国管理学家德鲁克认为，"战略是一种统一的综合的一体化的计划，用来实现企业的基本目标"。同样，学校的发展，学校特色的创建，也必须根据可持续发展的理念来统筹思考和决策。应通过学校战略决策，来明确学校发展的特色。学校战略决策，实质上是学校发展的定位。应通过战略决策，清醒地认识周围的发展环境，抓住发展机遇，确立并形成有别于其他学校，有利于自身发展的"生长圈"。从某种意义上说，这种定位就是学校发展特色的定位。

分析学校的发展优势。创建学校特色，办特色学校，还要进行学校发展优势的分析，为学校特色的创建奠定基础。每所学校都有自己的发展优势，不同学校有不同的发展优势，不同的校长和教师也有不同的发展优势。重要的是，学校管理者应对自己学校的发展优势有充分的认识，并且要挖掘、开发、利用。上海市某名牌中学一位语文教师在认真教学的同时潜心研究，把自己的语文教学经验整理、提炼出来，并由出版社出版发行。这所学校的校长认识到，这位语文老师的教学经验是学校宝贵的教育财富，应加以推广。后来这一语文教学改革成功的经验和模式，就成为该校的特色之一。

学校发展优势的分析，包括学校物质层面、精神层面以及外部环境的分析。如学校的办学条件、教师队伍、社区环境、学生家长情况、学校条件结构、学校文化等。其中学校文化的分析是重要的方面。许多名牌学校正是在学校悠久历史中积淀了深厚的文化底蕴，这是学校十分重要的教育资源和教育优势。充分利用这些优势，就可以形成学校鲜明的特色。南京一中是有着近百年历史的老校，新中国成立前，该校就曾推进首席导师制，造就了一大批杰出人才。20 世纪 90 年代以来，现任学校领导十分重视学校传统文化和经验的传承，并注入新的内涵，以导师制为突破口，构建导师制的运行机制，不断完善导师制的课堂教学模式，促进了学生素质的全面发展和个性的健康成长，在省内外产生了较大影响。导师制作为南京一中历史上的教育模式，通过在继承基础上的创新，重新成为该校的办学特色。还有的学校充分挖掘、利用当地文化资源，形成了学校特色。宜兴市丁蜀镇是我国著名的陶都。该镇的一些学校，通过开发陶都文化的资源，构建校本课程，围绕陶都文化开展丰富多彩的活动，形成了具有当地乡土文化气息的学校特色。

创建学校特色，不仅要进行优势分析，开发原有优势资源，同时还要扬长避短，把劣势变为优势。长期以来，我们的学校教育一定程度上存在着脱离生活、脱离实际的弊端。针对这种弊端，淮阴师范附属小学从 20 世纪 90 年代以来开展"小学生活基础教育实验研究"，以儿童生活世界为背景，把儿童具体的、感性的生活经验作为生长点，围绕儿童生活改革课程教材，探索主体合作的教学模式，促进儿童由生活客体转变为生活主体，使学生学会生活，学会适应，学会交往，学会选择，学会创造。1998 年 2 月 17 日的《中国教育报》曾以"生活之树常青"为题报道该校开展生活基础教育的经验和做法。生活基础教育已成为该校改革与发展的新亮点。

造就高素质、有特色的教师和管理人员队伍。校长是学校办学的关键，教师是学校办学的基础。教师自身的素质、专长、个性、魅力直接影响着学校特色的创建，影响着学校的发展。

可以说，校长是学校特色的影子，教师是学生特色的影子。校长有特色，学校才有可能有特色；教师有特色，学生才可能有特色。大凡成功的学校、名牌学校，必定是以特色见长的学校。这些学校的办学实践和成功经验充分说明，学校的特色与教师和管理人员的特色是正相关的，甚至可以说，学校的特色往往就是教师和管理人员的特色。教师和管理人员的创造性个性、专长直接影响、制约着学校的办学风格和魅力。可见，教师和管理人员自身的素质是学校特色的决定性因素。

## 案例及评析

### 既不重复别人，也不重复自己

1995年暑假，组织上安排我到高密一中担任校长。

当时的一中有点人心涣散，老师们对学校的前景信心不足。在这样一个状况下让我这个三十几岁的年轻人去担此重任。据说，一个重要的理由是认为我是个"铁腕儿"人物，领导们似乎希望用一用这些"刚性的东西"，包括他们认为的我在高密四中的"大刀阔斧"和"敢作敢为"。

尽管我已经有了在四中3年副校长、5年校长的经历，但四中的那一套拿到一中行吗？一个农村学校的成功，在多大程度上能为这所全市最高学府提供借鉴和动力？

在四中当校长，尽管我还年轻，但在学校我却是"老资格"。表面的"铁腕儿"有着一个非常民主的基础。在一中，就完全不同了。从踏入校门的第一天起，我就与老师们有了一条"看不见的战线"，对于这一点，我还是十分清楚的。分析一中与四中更多的不同，成为我踏入一中校园之后的"第一项修炼"。

我们开的第一个会是学校教职工代表大会。尽管老师们还并不十分熟悉和习惯这种民主，尽管拘谨和不自然还是明显地弥漫在会场上，但会下的兴奋、激动使我们感受到了老师们对民主的渴望。

我们出台的第一个文件就是《教职工聘任和工资分配方案》。两个星期的教代会期间，各方代表最为关注的也是这个方案，因为这是一个利益再分配的改革。不同的立场最终统一到学校大局的立场上，"大船意识"统一起了划船的号子。有了民主，也就有了让步，有了妥协；一旦给了大家充分的民主，集中也就显得特别有力量。

其实，对于学校来说，更重要的应该是把民主还给学生，打造一个民主校园。从学生"十大自我锻造工程"，到教学关系大讨论；从无人监场考试，到班主任职责的重新界定……有了民主，也就有了同学们的热情，有了同学们的自由呼吸和主动发展。

现在谈起高密一中的成功，大家往往要说起好多像高密四中一样的改革"新举措"。其实，细细追究，一种成功的起点就是一个民主罢了……

2001年5月，正当我在高密市教委把分层管理、重心下移、放权给下属搞得游刃有余的时候，一纸调令又把我调到了我的上级教育主管部门——潍坊市教育局——担任局长。很明显，对我来说，这又是一次重大的考验。说实话，我已经习惯了尽可能少地使用权力、尽可能少地管理具体事务，发挥属下的主动精神和创造能力早已经成为我工作方式的一个品牌。但是，在这样一个全新的工作岗位上，我不敢重复自己。我知道，我必须在管理的过程中尽快进入角色，尽快熟悉情况，尽快了解每一位同事和部属的特长、个性和工作特点。正确的决策来自于你对手下资源的调度、整合,不了解这些,你的决策就会面临危险。于是,在层次分明的机关里,我第一次推行扁平式管理,我开始与每一位科长、每一位科员打交道。在两年的时间里,我的工作变得"琐屑",而又"庸俗"起来,但我的工作基础却在这些平凡的过程中变得更加科学、扎实。我又找到了一个不会有太多失误的工作状态。

不重复自己,需要可贵的自省,而不重复别人,则更需要自信。

(北京市十一学校校长 李希贵)

## |案例评析|

李希贵是一位有思想、有作为的基础教育专家。他担任过校长、教育局长,现在是北京市十一学校的校长。本章所选取的案例是李希贵在山东任职时有关学校改革的事例。李校长说得好,既不重复别人,也不重复自己。这充分体现了他敢于改革、勇于创新的精神和独立不惧、敢于超越的品格。有追求、有作为的校长,一定是一位不唯上、不唯书、不跟风,勇于走自己的路的校长,是与时俱进、锐意进取,具有创新精神的校长。李希贵就是这样一位杰出的校长。成功校长要有鲜明独特的个性。"既不重复别人,也不重复自己",正表现了李希贵校长敢说敢为、不拘一格的个性特征。只有有了独特个性,才能标新立异,独树一帜,办出学校的特色。

## 向优秀校长推荐的书

1. 陶继新著:《治校之道》,华东师范大学出版社 2007 年 3 月第 1 版。

2. 袁振国著:《教育新理念》,教育科学出版社 2002 年 3 月第 1 版。

3. 教育部人事司组织编写:《管理创新与学校发展》,陕西师范大学出版社 2004 年 8 月第 1 版。

4. 刘军著:《中小学管理创新理论与实践》,中国科学技术出版社 2002 年 9 月第 1 版。

5. 李希贵著:《学生第二》,华东师范大学出版社 2006 年 2 月第 1 版。

# 附录

## 校长领导力在实践中生成

作为一种领导智慧和领导者的综合素质，校长领导力不是自然生成的，也不是一蹴而就的，而是在学校管理中自觉修炼、积极践行的结果。提升领导力，没有秘诀，没有捷径：贵在自觉，重在行动，悟在反思，精在研究。

### （一）贵在自觉

校长是在扮演自己特定的职业角色过程中创造自己的人生，在角色实践中提升领导力的。校长领导力，取决于角色意识的强度。校长有强烈的角色意识，就能自觉地进行角色学习，自觉地运用所学到的专业理论知识指导行动，把角色的义务、权利、规范、情感、态度等内化为支配行为的角色观点。校长具有明确的角色意识，就会安其位，行其职，就能使学校稳定、协调发展，自身的领导力也随之得到提升。校长提升领导力就要正确认识自己所扮演的职业角色，明确职业身份和专业发展要求，强化职业认同感。这样才能尽职尽责地履行角色义务，以满足社会期待，同时提升自身的领导力，达到自我实现、自我完善。

校长角色意识的形成和发展，大体上要经历一个角色实践——角色认识——角色再实践——角色再认识这样一个循环往复的过程。只有在学校管理实践中，赋予校长一定的权利、地位和义务，并经过角色扮演和角色亲历体验，把所学到的岗位知识和技能运用于实际，校长才可能形成并逐步加强角色意识，为提升领导力奠定坚实的基础。

### （二）重在行动

校长领导力是在学校管理实践中修炼、生成与提升的。"说一尺不如行一寸"，不行动，不努力，就不会提升领导力。高明的校长正是依托自己所在的学校，在学校改革与实践中提升自身的领导力的。

重在行动，重在自觉地行动，重在科学理论指导下的行动，是把理论运用于学校实际的行动，而不是盲目的行动。没有科学的教育理论与管理理论指导，校长就会"盲人骑瞎马"，行动就会失去方向。校长应当成为"教育科学和教育实践的践行者"，成为科学教育理论、管理理论的实践者和创造者。校长要积极参与并领导学校的课程改革和教学改革，提倡并坚持校本行动，从而取得领导课程和教学的主动权，提高对课程和教学的领导力。

### （三）悟在反思

不断地总结和反思学校办学和管理实践，是提升校长领导力的重要策略和路径。国外把自我反思能力列为21世纪学校管理者和教师的最重要的能力之一。美国心理学家波斯纳提出"成长＝经验＋反思"的公式。在学校实践中，校长只有认真地、持续不断地总结办学经验，反思以往的工作，敢于批判、否定自己，才可能在新的平台上实现自我超越。

校长发展有三种价值取向，即理智取向、反思—实践取向及生态取向。理智取向，重视自身的理论学习，加强专业训练，提高专业化水平，为校长发展奠定理智基础。反思—实践取向，主张实践与反思的结合，既要在实践中积极锻炼，又要在实践中系统思考，在反思实践中促进校长发展。生态取向，则从宏观视角注重个体发展与外部环境的和谐、协调，与同人的互动合作，倡导一种团队文化和共生发展的模式。这三种价值取向不是相互排斥的，而应是相辅相成、互为补充的。但是需要指出的是，反思实践在校长发展过程中起着基础性的关键作用。没有参与实践，没有在实践中的思考，校长难以自主发展，提高领导力也就是一句空话。反思思维是一种实践思维，是行动后的思考，与实践行动密切关联。反思思维能力是校长管理哲学素养的重要组成部分。校长要高瞻远瞩、卓有成效地进行学校管理，必须有科学的管理哲学思想作指导，要有科学的管理哲学素养，尤其要具有反思实践的能力。"管理就是行动的哲学"，反思实践正是把思考与行动有机地结合起来。也正是在反思实践中，校长领导力才得以提升。

（四）精在研究

学校改革与发展呼唤着教育科研，校长的自身发展与领导力的提升，也呼唤着教育科研。校长作为学校管理关系的承担者和学校行政负责人，不仅要组织参与学校各种教育活动，而且要对学校组织及师生员工实施管理。在这个过程中，必然会遇到各种各样的新情况、新问题，解决这些问题单凭个人狭隘的经验是不够的。这就要求校长有强烈的研究意识，结合学校工作实际开展脚踏实地、卓有成效的校本研究，在行动中研究，在研究中行动，逐步形成适合并引领学校发展的有特色的"草根化"理论，同时提高校长发展学校的能力和科学管理学校的能力。成功的学校管理者无不是以科研为先导，带动广大教师开展教育科研的。

校长要成为教育科研的志愿兵和带头人，首先要有清醒的认识，为学校教育科研科学定位，走一条以微观研究、应用研究、行动研究、教学研究、校本研究为特色的科研之路。其次，要从问题出发，选择和确定能够统领学校整体发展的研究课题，以课题为抓手，在课题研究中打造学校学术团队，培养一批教育科研积极分子，使他们成为研究型教师。最后，要加强学校教育科研管理，抓方向，明确学校科研的目标；要抓舆论，形成学校教育科研氛围；要抓制度，保证学校科研工作有序地进行；要抓自身，校长身体力行，成为学校教育科研的带头人。

（王铁军，《中国教育报·现代校长周刊》2007年4月23日，略有改动）